子ども家庭支援の心理学

子どもの未来を支える家庭支援のあり方を探る

＊編著
常田美穂 *Tsuneda Miho*
辰巳裕子 *Tatsumi Yuko*
北川裕美子 *Kitagawa Yumiko*
吉井鮎美 *Yoshii Ayumi*

＊著
小川絢子 *Ogawa Ayako*
濤岡優 *Namioka Yu*
侯玥江 *Hou Yuejiang*
加藤弘通 *Kato Hiromichi*
照井裕子 *Terui Yuko*
水永淳 *Mizunaga Atsushi*
瀬野由衣 *Seno Yui*
岡田倫代 *Okada Michiyo*
山本幾代 *Yamamoto Ikuyo*
中橋恵美子 *Nakahashi Emiko*
北濱雅子 *Kitahama Masako*
有澤陽子 *Arisawa Yoko*
姫田史 *Himeda Fumi*

ひとなる書房

Contents もくじ

第II部
家族・家庭の理解

第7章　特別な配慮を必要とする家庭への支援　104

第Ⅲ部
子どもの精神保健とその課題

Prologue はじめに——今、問い直される子育て支援の意味

皆さんは、「現代日本の子育ての状況」と聞いて、どのようなことを思い浮かべますか。おそらく本書を手に取った皆さんの多くが、肯定的とはいいがたい意見をもっているのではないでしょうか。たしかに2000年代以降、少子化の進行や保育所の待機児童問題、虐待、子どもの貧困など、子育てをめぐる課題が次々と出てきました。そしてそれらの課題は解決されるどころか、年々深刻になっているように感じられます。核家族化が進み、地域とのつながりが希薄になったため、家庭の中に親子が閉じこもって孤独な子育てが行われているともいわれています。

国は、これらの課題に対応するために子どもや子育て家庭を支援する新しい環境を整えることが必要であるとして、2014年に「子ども・子育て支援新制度」を制定しました（2015年から施行)。また大学などの保育士養成課程においても、2019年から「子ども家庭支援の心理学」という新しい科目が設置され、本書はそのテキストとして編集されました。

本書は、大きく四つの部分に分かれています。

第Ⅰ部　生涯発達では、個のライフサイクルという観点から、子どもが家族の中に生まれ、「育てられる者」から「育てる者」へと成長し（第１章・第２章)、やがては「世話される者」へと関係が変化していくプロセス（第３章）が描かれています。第Ⅰ部を通して、家族・家庭という場を中心に個人の生から死および世代交代が展開していく様子がわかるようになっています。

第Ⅱ部　家族・家庭の理解では、家族・家庭の特徴を社会学的な視点から描いています。第４章では、現代の子育て家庭の特徴はいかにして出現したのか、その歴史的な経緯を概観します。第５章では現代の子育て家庭がかかえる課題とその原因について、さらに第６・７章では、多様な子育て家庭の特徴について見ていきます。

第Ⅲ部　子どもの精神保健とその課題では、子どものさまざまな異常行動や症状に焦点を当てます。それらが表れてくる背景について理解するとともに、そうした症状や傾向をもつ子どもたちがより快適に生活できるような環境のつくり方、および生涯発達の視点をもってこれらの子どもと関わる方法について学びます。

そして**第Ⅳ部　保育所・幼稚園・こども園における子育て支援**では、親子が最初に出会う家庭外の環境に焦点を当てています。本書を通じて学んだ皆さんが、

近い将来これらの施設で親子と向き合うことを想定し、親も子もともに育ち合うための具体的な支援の方法について考えます。

第Ⅰ部から第Ⅳ部まで通読することによって、保育者として子育て家庭をいかに理解すべきか、また現場における親子への支援のポイントは何かわかるようになっています。

なお第Ⅳ部のタイトルは「保育所・幼稚園・こども園における～」となっていますが、実際には子どもが通う施設にはさまざまな名称が使われています。各章においても文脈に応じてさまざまな施設名が登場しますが、本書においてはいずれの呼称も制度上の特定の施設に限定せず、大まかに子どもが教育・保育を受けるために親と離れて日中を過ごす場所を想定しています。

新しくできた子育て支援に関する制度やサービスは、子育て家庭が現在かかえている困りごとや課題に焦点を当て、それらを解決するためのしくみです。ですから、どうしても子育て支援というのは、困った人を助けることだというように考えてしまいがちです。しかし「子育て」そのものは、人類の歴史がはじまって以来ずっと続いている人としての基本的な営みであり、本来はそれほど難しいことではないはずです。そのような「人としての基本」であるはずの子育てが、なぜ今、難しくなっているのでしょうか。そして、どのようなサポートがあれば、多くの人が子育てを楽しいと思えるようになるのでしょうか。本書では、これらの問いに答えることを試みました。

今後日本は少子高齢化により、2065年には全体の人口が現在の半分くらいになるといわれています。また、年齢構成も14歳以下の子ども１人に対して、15～64歳が５人、65歳以上の高齢者が４人という割合になると予想されています。このような人口減少社会において、子育ては重要な意味をもっています。子育てが難しい社会は持続しません。「子育て支援」には、子育てにおいて困りごとをかかえている人に寄り添うだけでなく、子どもとともに過ごす時間の楽しさや喜びを取り戻し、この社会の未来を明るいものにしていくという役割も託されているのです。その意味で、子育て支援は、私たちが望む社会の形を自分たちの手でつくっていく取り組みの一つだといえるでしょう。本書を通じて、より多くの人が子育て支援にたずさわり、親子とともに笑顔の花を咲かせることを願っています。

編集委員を代表して　常田美穂

第1部
生涯発達

第1章 乳幼児期から学童期にかけての発達の特徴

小川絢子

この章では、子どもが生まれてから小学校高学年の頃までの発達の特徴について述べます。乳児期から幼児期、学童期は心身の変化の著しい時期ですが、本章では特に子どもの人との関わりやコミュニケーションの発達の特徴に焦点を当てて説明します。日頃子どもと身近に関わる大人が、子どもの発達をどのように理解しているのか、また子どもとともに生活することの喜びや不安、葛藤をいかに感じるのかについても述べていきたいと思います。

第1節 乳児期の発達

1）乳児期（0歳から1歳半頃まで）の発達の特徴

大人の養育を引き出す乳児の特徴

皆さんは、生まれたばかりの赤ちゃんと関わったことがあるでしょうか。大人の助けなしでは生きていくことができない弱々しい存在である小さな赤ちゃんですが、実は生まれたときから、大人の養育行動を引き出す力をもっていると考えられています。

たとえば、生まれてすぐの頃から、外的な刺激に合わせて反射的に身体が動く**原始反射**によって、手にふれるとギュッと握り込む**把握反射**、口に乳首などが入ると自然に吸いつく**吸啜反射**といった行動が見られたり、全体的にやわらかく丸みを帯びた体型、短くて太い四肢、額が出て目が顔の中央より下についている**幼児図式**とよばれる赤ちゃんの外見は、大人の養育行動を引き出します（Bowlby, J., 1969）。

また、赤ちゃんの**クーイング**や**喃語**、泣きといった発声を保護者は自分に向けたサインとして感じ取り、声をかけたり、顔を見せたり、哺乳をしたりなどの養育行動をとります。発声以外にも、３か月頃になり注視が可能になると、大人の目をじっと見つめたり、**新生児模倣**とよばれる大人の表情や顔の動きを模倣しているかのような反応が見られます（Meltzoff, A. N. and Moore, M. K., 1977）。

以上のように、大人は、赤ちゃんが生まれたときからもっている特徴を「自分へのサイン」と感じることで、赤ちゃんを育てよう、慈しもうという思いを強くしていきます。

特定の保護者との関わりの中で変化していく特徴

前項のように、生まれてすぐは誰に対しても同じようにじっと見たり、笑顔や発声を向けたりしていた赤ちゃんですが、徐々によく関わってくれる特定の他者にだけ、こうした行動を向けるようになっていきます。たとえば、見知らぬ人に見つめられたり、抱っこされることをいやがったり泣いたりする姿は「人見知り」とよばれ、生後６か月頃から見られるようになっていきます。皆さんはすでに、乳児と身近な保護者の間に、**愛着（attachment：アタッチメント）**という関係性がつくられていくことをご存知だと思います。愛着とは、特別な対象に対する情緒的結びつき（affectional tie）のことで、ボウルビィ（Bowlby, J., 1969）によってその概念が提唱されました。乳幼児は、自分が１人取り残されたり、苦痛や不快に見舞われたりと不安や恐れの感情が強く経験されたとき、愛着を向ける身近な他者と一緒にいることで、気持ちを落ち着かせ、安心して活動したいという思いをもっています（遠藤, 2011）。そのために、愛着対象である身近な保護者に対して、目で追う、発声や笑顔を見せる、接触を求めてしがみついたり、後追いをしたりといった愛着行動を示すようになるのです。

別の側面からも乳児の人への関わりについて見ていきましょう。乳児は、生後９か月頃になると、大人の指さしや視線の方向に自分の視線を合わせ、相手が何に注意を向けているのかを理解することができるようになります。この力を**共同注意（joint attention）**とよびます（Tomasello, M., & Todd, J., 1983）。たとえば、大人が子どもの顔を見ていて、目の前のおもちゃに視線を移したときに、その視線をたどって自分もおもちゃを見ることができるようになります。そして、月齢が進むにつれ、赤ちゃん自身も、発声や表情だけでなく、指さしをして、自分の思いを大人に伝えるようになってきます。このような９か月頃の赤ちゃんの変化を「自分」と「人」との間で「人や物」を共有できるようになるという意味で**三項関係**の成立とよんでいます。

乳児期の終わり頃の特徴

１歳半になる頃には、大人から「◯◯はどれ？」などとたずねられたものに対して指さしを用いて答えることが可能になります。また、散歩先や絵本を見ているときなど、指さしで大人とコミュニケーションをとる姿が増えていきます。

１歳頃には、はじめての意味のあることばである**初語**が見られ、乳児期の終わりとなる１歳半の頃には、乳児自身の話せる意味のあることばは30語から50語程度になります。話せることばは少なくても、指さしや発声、表情で大人とコミュニケーションをとり、大人の言っていることはずいぶん理解しているなと感じることが多くなります。身体の動きにおいても、ちょうど12か月前後は、歩きはじめの時期に当たります。最初は、おぼつかない足取りで２、３歩歩いては前に倒れ込んだりと、大人にとっては目が離せなくなりますが、歩きはじめから半年くらいをかけて、徐々にバランスを取って安定した歩行へと変わっていきます。

2）乳児期の親子関係の理解

乳児への情緒的な関わり

乳児の育ちにおいては、保護者や保育者など身近な大人から気持ちを受け止められ、共感的に関わってもらう経験が非常に大切です。乳児が楽しそうにしているときには、より楽しさがふくらむように、保護者自身も関わります。また、乳児が怖い思いをしたときには「怖かったね」などと、乳児の感情を映し出します。このように子どもの動きや表情から、子どもの気持ちを受け止め、共感的に応じることを**情動調律**（affect attunement）とよびます（Stern, D. N., 1985）。

特定の保護者との間につくられる愛着は、「人はやさしい、受け入れてくれる」といった内的なモデルとなり、身近な人だけではない人全体への信頼感（**基本的信頼感**）を育んで、乳幼児期以降の人との関わりの土台をつくるものとなります。また、愛着は子どもにとって**安全基地**の役割を果たします。乳児は不安なときや怖い思いをしたときには、特定の保護者からのなぐさめや安心感を求め、保護者のもとへ避難し、なぐさめてもらえることを期待して泣いたりします。そして、十分に落ち着き、安心できるとまた、保護者のもとから離れ、自発的に探索活動を行うようになるのです。保護者は子どもがネガティブな感情状態にあるときには、それを受け止め、なぐさめるように関わり、その一方で、自発的に探索活動を行っているときには、そばにいてあたたかな雰囲気を作り出しながらも、見守る関わりを行います。こうした保護者と子どもの関係を**安全感の輪**とよんでいます。

乳児への関わりの個人差と親子関係の質

保護者は乳児の愛着行動にかわいらしさや養護の必要性を感じ、より積極的に乳児と関わろうとするときもあれば、他の人を避け「人見知り」をする姿や「後追い」のような強いこだわりをストレスに感じたり、周囲の人に気まずさを感じたりすることも多いようです。乳児の行動が自分への愛着の現れであると理解していても、少し離れただけで泣かれてしまい、子どものそばを離れられない状況を誰かに代わってもらえないことが育児におけるストレスとなる場合があります。

こうした保護者へ向ける愛着行動には個人差があることが明らかになっています（**表１．１**）。エインズワースたち（Ainsworth, M. D. S., Blehar, M. C., Waters, E. & Wall, S., 1978）は、１歳代の子どもを対象に、母親との分離と再会の場面において、子どもが母親に対してどのような反応を示すかを検討しました。愛着の個人差は子どもの気質と親の養育態度の相互作用の結果として考えられていますが、Ｄタイプ（無秩序型）の子どもについては、虐待を受けている可能性や母親自身の精神的な障害の可能性が示唆されています（Main & Solomon, 1990）。

愛着形成はその後の人間関係にも影響をおよぼす可能性があることが指摘さ

表１．１　愛着の個人差

岡本・塚田-城・菅野（2004）を参考に作成

愛着の質	親からの分離時と再会時の子どもの様子
Aタイプ（回避型）	親と離れても泣くことがなく、再会したときにも親から目をそらすなど、親を回避する行動が見られる。親がいてもいなくても、ひとり遊びが多い。
Bタイプ（安定型）	親が見える範囲内にいれば、積極的な探索行動も見知らぬ人への関わりも見られ、親を安全基地としている。親と離れたときには悲しみの表情を浮かべ、再会時には親を歓迎し、接近・接触など愛着行動が高まる。再会後しばらくすると落ち着き、探索行動をはじめる。
Cタイプ（アンビバレント型）	親と離れる際に非常に強い不安や混乱を示す。再会時には親に身体接触を求めていくが、その一方で、怒りながら親を激しくたたいたりする。
Dタイプ（無秩序型）	親に対する近接と回避という本来なら両立しない行動が同時的に見られる。たとえば、顔をそむけながら親に近づこうとしたり、親にしがみついたかと思うとすぐに床に倒れ込んだりする。不自然でぎこちない動きを示したり、タイミングのずれた場違いな行動や表情を見せたりする。さらに、突然すくんでしまったり、うつろな表情を浮かべつつじっと固まって動かなくなってしまったりする。

れているため、保護者との愛着形成がうまくいかない場合には、他の大人との安定した愛着関係が重要となります。保育者のように身近に関わる大人との間に、安定した愛着関係が築かれた場合には、児童期以降の自他への信頼感や自制心、共感性などが高まったという調査結果もあります（Heckman, J. J., 2006; 遠藤, 2017）。多様な家族の形が存在する現代社会においては、母親や父親との愛着関係だけではなく、身近な保護者との関係を理解することが重要といえるでしょう。

第２節　幼児期の発達

1）幼児期の発達の特徴

ここからは、幼児期（１歳後半から小学校就学前まで）を幼児期前半（１歳後半から３歳頃）と幼児期後半（４歳から６歳頃）の二つの時期に大まかに分けながら、発達の特徴について見ていきましょう。

自我と自己理解の発達

まず、幼児期を語る上で欠かせないのが「自我の発達」です。幼児期前半の１歳半頃から、目の前にないものでも頭の中にイメージを思い浮かべることができるようになる力（**表象**）の発達にともない、子どもの頭の中には、「○○するつもり」という行動のイメージが現れ、目的をもって遊んだり、身のまわりのことをわかって行動する姿が見られるようになります。また、大人からの働きかけに対して、「イヤ！」「ダメ！」といって拒否したり「ジブンデ！」することに対して強く思いを出すようになってきます。「自我の芽生え」とよばれる時期です。この「自我の芽生え」は、身体機能や生理機能の発達と相まって、食事や排泄、着脱などの身辺自立や遊びにおける意欲の高まりをもたらします。子どもたちは、失敗や自分の思いが通らない葛藤を経験しながらも、実際に自分で身のまわりのことを少しずつ行ったり、遊びや生活において自分で選んだり、決めたりしていく機会が増えることで、自分でできるという感覚をもつようになります。

また、１歳半から２歳の頃には、鏡に映った自分がわかるようになります。これを**自己鏡映像認知**とよんでいます。１歳半頃には、自分の名前が言えるようになること、２歳後半頃には自分の性別がわかるようになることといった変化も起こり、自己意識が高まっていく時期です。２歳後半頃には社会的なルールの理解も相まって、恥や照れ、あこがれといった自己意識が伴う新たな感情を表出するようになります。自分の好きな服を選んで着て、鏡に映った自分に誇らしげな表情を浮かべるなど、子ども自身の自我が大きくふくらむ「自我の拡大」の時期です。その後、３歳児の頃は「イッチョマエの３歳児」とよばれるほどに、身辺自立が進み、大きくなった自分に対して誇らしさを感じられる時期です（神田, 2004）。

幼児期後半（４歳から６歳頃）には、「振り返り始める４歳児」とよばれるように、自分やまわりの仲間に対して、客観的に比べる目を働かせるようになります（神田, 2004）。しかし、その評価基準が「よいか悪いか」というような極端な形である（**二分的評価**）ために、勝ち負けやできる・できないといった視点で、自分や仲間の行動を「よい・悪い」と決めがちな姿があります。また、大人や仲間からの評価を非常に気にし、結果が目に見えやすい活動に取り組みにくくなる場面も出てきます。そうした葛藤を大人や仲間に見守られ、支えられながら乗り越えていく中で、６歳頃になると、**自己形成視**（今はまだうまくいかなくてもがんばって少しずつうまくできるようになっていく）や、自分に対して「なわとびは苦手だけど、かけっこは得意！　鉄棒はふつうくらい……」などと多様な見方をすることが可能になっていきます。感情面でも自分や他者の「怒ると怖いときもあるけど、いつもはやさしい」といった姿に気づくことも増え、柔軟に理解するようになっていきます。

仲間関係の変化

乳児期から子どもは他児に対して大人とは異なる興味や関わりを示しますが、幼児期になると仲間との関わりが一段と増えていきます。まずは幼児期前半（１歳半から３歳頃）の特徴について見ていきましょう。１歳後半の時期には、他児に興味はあっても関わり方がわからず、なぐさめようとして髪の毛をひっぱってしまい、余計に泣かせたりといった場面もあります。その後、２歳頃になると、仲間の名前を呼んだり、遊びの中で、仲間と同じようにふるまったり、同じセリフを言ったりすることのうれしさや楽しさがふくらんでくる頃です。「いっしょに」「○○（自分の名前）も！」といったことばがよく聞かれるようになり、仲間のまねをしたい気持ちや関わりたい気持ちが大きくふくらんでいきます。

その一方、２歳頃は「自我の拡大」の時期であり、自分の思いだけでなく、自分自身が使っているおもちゃや身のまわりの物に対して所有意識を強く感じる時期です。「◯◯（自分の名前）の！」とおもちゃをすべてかかえ込んだり、他児が自分の物を使ったりすることに対し怒ったり泣いたりと、自分のものであることを強く主張する姿が現れます。また、他児とのおもちゃや場所の取り合い、取られそうになっての防御といった場面で、「かみつき」や「ひっかき」のような行動も増えることがあります。まわりの大人から、お互いの気持ちを受け止め、代弁してもらったり、関わり方を教えてもらったりする中で、仲間とともに過ごすことの楽しさや喜びが強くなっていきます。

そして３歳になる頃には、仲間に「してあげられる」自分を誇らしく思え、保育所生活の中では仲間の着替えを手伝ったり、給食のエプロンを配ってあげるなどの姿がよく見られるようになっていきます。「自我の充実」とよばれる時期で、仲間をなぐさめる、分ける、貸すなどの行動も見られるようになってきます。自分の気持ちを一番に思いつつ、仲間の気持ちにも少しずつ理解がおよんでくる時期です。

次に、幼児期後半（４歳から６歳頃）の特徴について述べます。幼児期後半には、大人よりも仲間と遊ぶ時間が増えていきます。先ほども述べたように、４歳頃からは自分や他者への客観的な見方が育ち、仲間からの評価を気にしたり、「仲よしかどうか」と仲間との関係性について考えるようになったりする姿も見られます。４歳から６歳にかけては、遊びの中のルールを理解し、それに沿った行動ができるようになっていくことで、仲間とイメージやルールを共有しながら遊びを楽しむようになります。鬼遊び、ドッジボールなどの集団で行うルールのある遊びが盛り上がることも多くなるでしょう。そうした遊びの中で、負けたくない気持ちが強くなり、ルールをつい破ってしまう姿や自分が負けると遊びから抜けるといった姿もありますが、徐々にお互いの得意なことや苦手なことなどを理解し、仲間で役割分担したり、仲間のがんばっている姿に共感やあこがれを感じて、教え合ったり、励まし合ったりするようになっていきます。

また、幼児期前半には多かった物や場所の取り合いを理由とするいざこざが、４、５歳になると遊びのイメージのすれ違い、相手の働きかけがイヤだったからといった理由の複雑ないざこざが増えていきます（岡本・塚田-城・菅野, 2004）。幼児期後半には、大人にお互いの気持ちを代弁してもらったり、自分の思いをことばにする機会を重ねていくなかで、いざこざが起こった際にも子ども同士で話し合ったり、ことばでやりとりすることが増えていきます。いざこざは、子ども同士が自分の思いを主張したり、相手の思いに気づいていき、関わり方を学んでいく大切な機会であるといえます。

日々の仲間との遊びやいざこざの経験を通して、子どもは相手の考えを自分とは異なるものとして理解するようになり、相手の考えていることやうれしい、悲しいといった気持ちを相手の立場に立って推測することが可能になっていきます。広く**心の理論**とよばれているこの力は、仲間への思いやりや共感性を育む一方、本心を隠して**ウソ**をついたり秘密にしたりするなどの行動の変化をもたらします（小川, 2013）。幼児期後半の５、６歳頃には、自分の思いを丁寧に聞いてもらってきた経験の中で、安心して仲間に自分の思いを話せたり、仲間の気持ちや考えにも思いがおよぶような仲間関係がつくられていきます。

コミュニケーションの発達

乳児期には、表情や発声、身振り、指さしなどで自分の気持ちを表現していた子どもたちですが、１歳半頃の**表象**の発達にともない、幼児期前半には、意味のあることばでの表出が急激に増加していきます（**語彙爆発**）。２歳頃には、物の名前などの単語が増えていくだけでなく、「赤い」「まるい」「大きい・小さい」といった「比べて考えることば」すなわち形容詞を多く話すようになったり、周囲への興味・関心の高まりとして、「これなに？」といった疑問詞が増えたりしていきます。この時期を**第一質問期（ナニナニ期）**とよんでいます。

さらに、３歳頃には、物事の理由や人の行動の理由に興味をもち、「どうして雨は降るの？」といった疑問詞の使用が増えていきます（**第二質問期（ナゼナゼ期）**）。しかし、幼児期前半は、語彙は増えますが、子ども自身はまだ感じたことを十分にことばだけで表現することは難しく、「情余りて言葉足らず」のもどかしさをかかえている場合も多くあります。子どものことばだけに着目するのではなく、その背後にある本当に伝えたいことに大人が気づき、代弁していくことで、適切な表現を少しずつ自分のものにしていく時期といえます。

幼児期後半の４歳頃には、ことばによって自分の行動をコントロールしはじめる姿が見られるようになります。他者とのコミュニケーションとしてだけでなく、頭の中でことばを使って考えたり、行動を調整したりすることにことばが使われるようになっていく時期です。たとえば、「氷鬼では、タッチされたらその場から動かない」といったルールを理解し、動かずに仲間からの助けを待っていられるといった姿があり、「本当は動きたいケレドモ動かないでいる」

といった「～ケレドモ…スル」と自分の行動を抑制するような姿が現れてきます。このように、ことばとしては表出されず、思考に使われることばのことを**内言**とよびます。他にも内言の働きにより、子どもの頃の思い出（エピソード記憶）がはっきりとしてきたり、秘密などを言わずに黙っておくことも増えていきます。

また、幼児期後半には読み書きに対する子どもの興味が高まっていき、ひらがなを見よう見まねで書いてみたり、自分の名前の文字を見つけて読んだりするような姿が見られるようになります。ひらがなの読みには、ことばの音韻抽出や音節分解をする**音韻意識**の発達が必要です。「音韻意識」は４歳頃から発達していき、４歳後半から５歳頃には「しりとり」「頭どり（例：“あ”が最初につくことば探し）」「なぞなぞ」のような遊びの中で、この力が発揮されていきます。一音を一文字に当てはめて理解できるようになってくると、ひらがなが一気に読めるようになることがわかっています（天野, 1986）。

２）幼児期の親子関係の理解

幼児期前半（１歳半から３歳）の親子関係

自我の発達する幼児期前半の時期は、親子関係が大きく変わっていきます。数か月前までは、大人からの関わりを疑問なく受け入れ、一心同体のように感じられていた姿からは想像できないほどに、子どもたちが自分の思いを押し出すようになっていくことに驚きやとまどいが隠せない保護者もいるでしょう。この時期は、大人からの関わりが一筋縄ではいかなくなる時期として、**イヤイヤ期、第一反抗期**などとよばれる時期です。大人も子どもの思いを理解し、代弁し、認める形へと変化したり、逆に、危険なことなどに対しては、子どもの行動を制止し、ルールを教える関わり方へと変化していきます。いわゆる「しつけ」の必要性を大人が感じはじめる時期です。

食事や洋服の着脱など身辺自立の面では「じぶんで！」という子どもの姿を頼もしく感じ、見守ったり励ましたりする関わりが増える一方で、子どもの危険な行動やいざこざなどの場面では、子どもへの制止や注意が増えていきます。特に、２歳児頃には身辺自立と大人への甘えの間をそのときの気分や日によって行き来するような姿が見られます。保護者からしてみれば「できるはずなのにどうして？」と思ったり、「自分一人ではできないことなのに」といった疑問を感じたりしやすくなる時期といえるでしょう。こうした自立に向かう心の揺れが発達の証であるということや、少しずつ変化していく子どもの姿について、保育者の方から保護者に繰り返し知らせていくことで、保護者と子どもの関係を支えることが重要になります。

また、子どもが自分の遊んでいるおもちゃをかかえ込んだり、友だちに貸せなかったりといった姿を「わがままになってしまったのではないか」と感じ、仲間との関わり方をどう教えたらいいのかというような新たな悩みも加わっていきます。子どものいざこざに対しては、子どもの思いの受け止めや代弁、簡単なことばでのやりとりを支えていくなどの大人の関わりが重要です。保育においては、大人が子どもの思いを十分に受け入れられるような体制づくりや時間の確保、環境づくりが求められます。

さらに、幼児期前半の時期の「かみつき」や「ひっかき」は保護者によって受け止め方が大きく異なるものでもあります。「かみつき」が子どもの発達と関係した行動であることを踏まえつつ、「かみつき」が起こったときには、状況の報告や今後の対応について保護者へ丁寧に説明していくことを通して、子ども同士の関係性のみならず、保護者同士の関係性に対しても配慮していく必要があるでしょう。

幼児期後半（４歳から６歳頃）の親子関係

幼児期後半は、身辺自立などの生活面に関する援助が減り、保護者の目は自然と子どものことばや運動機能の発達などに向かうようになります。特に、日々の活動の中でも、運動や描画・製作など目に見えてわかりやすい活動に対して評価的な視点で見ることも増えていきます。子ども自身も客観的な目が育ち、大人からの評価に敏感になる姿があります。「上手・下手」「よい・悪い」「できる・できない」といった評価的な視点が保護者から向けられることで、失敗しそうな活動にひるむ姿も強まってしまいます。また、厳しく叱られて怖かった経験が、子どものウソを増やしたり、素直に自分の気持ちを伝えることを難しくする場合があります。大人は、子ども一人ひとりの好きなことや楽しんでいることをよく見つめ、子どもががんばっているプロセスや努力をことばにしたり、子どもが自分では気づかない小さな変化や成長を認めていくような関わりが重要になります。また、仲間との遊びやいざこざにおいては、すべてを代弁して仲介するのではなく、子どもたちでお互いの気持ちを伝え合い、考え合えるような機会をもつことも重要になります。

さらに幼児期後半には、就学を見通して、読み書きの練習などの教育に熱心になる保護者も多くいます。しかし、幼児期の子どもは小学生とは異なり、読み書きが役に立つから行うのではなく、「読むことや書くこと」そのものへのあこがれや喜びを強くもっている時期であることがわかっています（内田, 1999）。正確に読み書きができることを求めるのではなく、自分や仲間の名前を読み書きしてみたり、絵本を読んだり、お手紙を書いたりする経験の中で、読み書きする楽しさを十分に感じられるようにすることが、就学後の文字や数の本格的な習得を支えるのだということを保護者に伝えていくことが大切になります。

第３節　学童期の発達

１）学童期の発達の特徴

認知の発達

学童期には、小学校低学年に当たる７、８歳頃と、高学年に当たる11歳頃に認知的な変化がおとずれるといわれています（Piaget, 1970）。７、８歳頃にはそれまでの直観や知覚的な経験に左右されやすい思考から、目の前の具体的な物事に対しては、論理的思考を働かせることができるようになっていきます（**具体的操作期**）。まわりの物事や出来事に対する理解を深め、知識を増やしていく時期です。さらに11歳頃には、**形式的操作期**に移行し、非現実的で抽象的な世界のことにも論理的思考を当てはめて考え、ことばで表現するようになっていきます。教科の中にも歴史や地理、実験、分数・小数の計算、段落をとらえた読解、登場人物の感情をとらえた読解など、目に見えない事柄や事柄同士の関係性に対する理解を求める学習内容が増えていきます。また、中学年以降は、「メタ認知」とよばれる内省的な思考が徐々に可能になっていき、覚えることや読み書き、計算などにおいても、自己内省的な活動が徐々に効果をもつようになります。こうした認知発達の変化にともなう子どもの自己理解や仲間関係の変化について以下では見ていきましょう。

自己理解の変化

幼児期の終わりから学童期のはじめ頃には、自分の特徴をことばで表現しはじめます。はじめの頃には、「髪が長い」など、自分の身体的な特徴や外見などを答えることが多いのですが、年齢が上がると徐々に「忘れ物が多い」「勉強ができる」などの行動面の特徴や、「明るい」「親切」「不真面目」など性格について答えることが増え、自分の内面的な特徴に気づくようになっていきます（佐久間・遠藤・無藤, 2000）。また、「自分の好きなところ」だけでなく、「嫌いなところ」についても言及するようになり、「自分のことが好きではない」「自分には自慢できるところがない」といった項目に「そうである」と答える子どもの割合は、中学年から高学年にかけて増加していくことが指摘されています。こうした変化の背景には、子どもの社会的比較が客観的で正確になったことや、自分に対する理解が「算数は好きだけど、漢字は苦手」といった内容ごとの理解ではなく、「勉強全般が苦手」「自分の容姿が嫌い」というようにある程度まとまりのある形になっていくことがあげられます（藤崎, 1999）。

また、中～高学年においては、**第二次性徴**が現れはじめます。身長が急激に伸び、女児は初潮をむかえ、身体つきも変化していきます。こうした変化の起こる時期を**思春期**とよびますが、女児の方が男児と比較して、第二次性徴のはじまる時期は平均して早く、第二次性徴に対して否定的な感情をもちやすいといわれています。

仲間関係の変化

小学校の低学年のうちは、幼児期後期の特徴を残しており、物理的な距離の近さや好きな遊びが同じといった理由で仲よしをとらえていることが多くあります。また、自分にやさしくしてくれる相手を「友だち」ととらえるといった姿もあります。小学校に入学して間もない間は、これまでの保育園や家庭での経験による遊び方の違いや、わざと・わざとではないといった思いのすれ違い等を理由とするいざこざも多く起こりやすい時期です。

中学年頃になると、**ギャング・エイジ**とよばれるように仲間との関係が密になっていきます。大人から言われることより、仲間との約束事やルールを大切にするようになっていきます。「大人はずるい」といった大人に対する口ごたえも、大人の行動や考えを子どもなりに正しいかどうか確認する目が育ち、「他律的な判断」から「自律的道徳判断」へと判断基準が変化していくからこそ生じる変化です。ギャング・エイジの時期の子どもたちは、仲間との秘密や約束事を重視し、排他的になるという特徴があります。同年齢の集団の中で、役割をもつ責任感や社会的ルールを学ぶ重要な機会でもあります。

また、こうした仲間関係を通して、集団内でのそれぞれの立場の違いや感じ方の違いをより多様に理解できるようになっていきます。幼児期のところで述べた**心の理論**の力という点では、小学校低学年ではまだ自分と他者の状況を区別しつつも他者の行動のみに目を向けることが多くありますが、８、９歳以降になると他者の考えや気持ちなどの内面についても状況から推測し、言及する段階へと変化していきます。さらに、高学年になると、他者の複雑な気持ちの理解や、複数の人の立場から一つの出来事について考えられるようになり、その場において一番よい方法を考えようとするようになります。

２）学童期の親子関係の理解

親子関係の変化

ここまで見てきたように、中学年頃になると、子どもたちは仲間との関係を強めていき、また認知的な発達の中で大人の行動を客観的に考え、疑問をもったり、否定的にとらえたりすることが多くなっていきます。子どもが大人からの精神的な自立をいま一歩求めるようになった証といえます。保護者にとっては、小学校の低学年のときには響いた注意や叱り、励ましが、中学年以降の子どもたちに入らなくなり、対応に困るという経験が増えていきます。こうした子どもの変化にともない、保護者も自立を認める関わりを増やしていきます。たとえば、お小遣いの管理や夏休みの過ごし方などについて、子どもが自分で決めたことを尊重する機会が増えます。

また、中学年以降の子どもたちは、保護者や教師への不満を仲間と打ち明け合ったり、保護者にダメだと禁じられていることを密かに行ったりすることで、仲間との共感や信頼の気持ちを強くもつようになります。こうした子どもだけの秘密や大人に向けられる反発に対しても、すべてを明らかにして把握しようとしたり、反発をなくそうとルールを厳しくしたりするのではなく、ほどよい距離感を取りながら、「ルール違反」がなぜいけないかを考えられるように働きかけることや、「失敗」を経験することも大切であること、挑戦したことに意味があることなどを知らせながら、子どもの仲間関係を見守る関わりも必要になるでしょう。

発達と関係した課題

小学校の入学を機に、子どもたちは大きな環境の変化にさらされます。1990年代以降、小学校1年生の子どもたちが授業を聞かない、立ち歩くなどの姿が増え、集団での学習に向かえない様子を「小一プロブレム」とよんでいます。小一プロブレムが起こる理由としては、保育所や幼稚園では遊びの体験から総合的に学ぶのに対し、小学校では教師の行う教科ごとの授業から学ぶという学習方法の変化や、登下校中の仲間との関わりや給食の時間といった生活面での適応の問題について指摘されています。

また、「9、10歳の壁」とよばれるように、中学年以降は、学習面でのつまずきが大きくなる時期といわれています。こうしたつまずきが起こるのは、認知的な発達の変化にともない、学習において形式的、抽象的な思考が要求されるようになるためです。これまでは学習において丸暗記で対応できたことが、文章全体の構成をとらえて読む、公式を当てはめて考えるといった応用する力が必要になってきます。学習面でのつまずきが、自己評価の低下を招いていることを考えると、子どもの得意な学習面を高めていく関わりだけでなく、子どものつまずきを保護者が理解し、教師とともに子どもの学習をサポートすることが重要といえます。抽象度の高い問題だけでなく、具体的な説明や実際に見たり、さわったりしながら学習できる経験の充実を図ることが求められます。さらには内省的な思考をうながす関わりなどを行うことで、子どもが自ら考え、学ぶための土台づくりも大切になるでしょう（市川, 1993)。

● 引用文献

Ainsworth, M. D. S., Blehar, M. C., Waters, E. & Wall, S. (1978) Patterns of attachment: A psychological study of the Strange Situation. Erlbaum

天野清（1986）子どものかな文字の習得過程, 秋山書店

Bowlby, J. (1969) Attachment and Loss, vol. 1 (Attachment). Basic Books. 黒田実郎 訳（1991）母

子関係の理論：１ 愛着行動, 岩崎学術出版社
遠藤利彦（2011）人との関係の中で育つ子ども, 遠藤利彦・佐久間路子・徳田治子・野田順子, 乳幼児のこころ：子育ち・子育ての発達心理学, 第５章, 有斐閣
遠藤利彦（2017）赤ちゃんの発達とアタッチメント：乳児保育で大切にしたいこと, ひとなる書房
藤崎眞知代（1999）児童期から思春期にかけてのコンピテンスの発達的変化：縦断的資料の分析, 群馬大学教育実践研究, 16, pp.311-325
Heckman, J. J.（2006）Skill formation and the economics of investing in disadvantaged children. Science, 312, 1900-1902
市川伸一（1993）学習を支える認知カウンセリング, ブレーン社
神田英雄（2004）３歳から６歳：保育・子育てと発達研究をむすぶ［幼児編］, ちいさいなかま社
Main, M., & Solomon, J.（1990）. Procedures for identifying infants as disorganized/disoriented during the Ainsworth Strange Situation. In M. T. Greenberg, D. Cicchetti, & E. M. Cummings（Eds.）, The John D. and Catherine T. MacArthur Foundation series on mental health and development. Attachment in the preschool years: Theory, research, and intervention, 121-160. University of Chicago Press
Meltzoff, A. N. and Moore, M. K.（1977）Imitation of facial and manual gestures by human neonates. Science, 198, 75-78
小川絢子（2013）「心の理論」と保育：保育の中の子どもたちにみる心の理解, 発達, 135, pp.42-47, ミネルヴァ書房
岡本依子・塚田-城 みちる・菅野幸恵（2004）エピソードで学ぶ乳幼児の発達心理学：関係のなかでそだつ子どもたち, 新曜社
Piaget, J.（1970）Piaget's theory. InP. H. Mussen（Ed.）, Carmichael's manual of child psychology: Vol. 1（3rd ed, 703-732）. NewYork; JohnWiley & Sons　中垣啓 訳（2007）ピアジェに学ぶ認知発達の科学, 北大路書房
佐久間路子・遠藤俊彦・武藤隆（2000）幼児期・児童期における自己理解の発達：内容的側面と評価的側面に着目して, 発達心理学研究, 11, pp.176-187
Stern, D. N.（1985）Affect attunement. In J. D. Call, E. Galenson, & R. L. Tyson（Eds.）, Frontiers of infant psychiatry: Vol. 2,（3-14）. New York: Basic Books
Tomasello, M., & Todd, J.（1983）Joint attention and lexical acquisition style. First Language, 4, 197-212
内田伸子（1999）発達心理学：ことばの獲得と教育, 岩波書店

第2章 思春期から青年期の発達の特徴

濤岡優（第1節）・侯玥江（第2節）・加藤弘通（第3・4節）

第1章では、乳幼児期から児童期まで、日常のことばでいえば、赤ちゃんから保育所・幼稚園、小学校の時期をへて思春期の入り口に立つまでの発達について見てきました。本章では、その思春期をどのように経験し、青年期へと至るのかについて見ていきます。

第1節 思春期の仲間関係と家族関係

1）思春期に生じる変化

思春期は、身体が子どもから大人へと変化する時期です。この身体的変化にともなって、心理的変化や対人関係を中心とする社会的変化も経験します。したがって、この時期に生じるさまざまな変化をどのように受け止め、変化に適応・順応していくかが、思春期あるいは青年期前期の大切な課題となります。

またこの時期には親からの自立欲求も生じ、以前のように親子の関係が密着したものではなくなります。それにともない、子どもは、頼る相手・心を打ち明ける相手を、親から友人へと変化させます。以下では、このような思春期に生じる関係性の変化や、その関係の中で生じる問題・困難を、友人関係と親子関係の二つを軸に見ていきます。

2）思春期の友人・仲間関係のあり方とその変化

思春期の子どもにとって同性・同世代の友人は、その時期に生じる身体の変化や親からの自立にともなう不安・悩みを理解し合える存在です。この友人との親しい関係を望む欲求は**親和欲求**とよばれ、中学生から大学生のどの段階でも高く、青年期の基本的かつ中心的な欲求であるとされます。この友人関係のあり方は、中学から高校に進むにつれて、共通点や類似点を通して仲間であることを認め合う関係から、類似点をこえて互いの異質性を認め合う関係へと変化しますが、思春期に得る親友（Chum：チャム）の存在や、その親友との親密な関係が最も重要といわれています（Sullivan, 1953）。

一方で、思春期の友人関係は、親密さだけでは理解できない特徴もあります。具体的には、友人に対する批判や不信感をもっていたり、友人からの批判・刺激から自分を守るために、友人との間に心理的な距離を置いたりします。さらに、親密な友人関係を求めながらも、他者の個性や自分との違いを受け入れる難しさもかかえています。このように、思春期の友人関係は、親密なつながりを希求する一方で、友人への不信感や、親密になることへの恐れ、違いの受容できなさ、といった相反する側面を同時にかかえる、アンビバレンツで不安定な関係だといえます。このような友人関係のあり方は、思春期に生じやすいとされる問題とも関連します。そのことについて以下にふれていきます。

3）思春期の問題行動と友人・仲間関係

共通性や類似性によって結びつく思春期の友人関係は、裏を返すと閉鎖的で同調圧力をもった関係ともなり得ます。そしてその関係のあり方が、ときにいじめにつながることもあります。しかし、思春期のいじめの背景には、自分の自信のなさや自分が仲間外れにされることへの恐れがあるとされ、実際に、中学生は高校・大学生に比べて疎外感を感じやすいという指摘があります（宮下・小林, 1981）。

また、思春期に当たる14歳から16歳の頃、犯罪率が最も高いとされていますが（長谷川, 2015）、問題行動をとる子どもは、そうではない子どもと比べて、強い疎外感を体験しているという指摘や、非行少年同士が友人として関わり続ける背景には、その関係を切った後に親しい友人関係がもてないことへの不安があるという指摘があります（藤野, 2002）。以上のことをふまえると、問題行動とされるいじめや非行は、仲間関係から孤立することへの恐怖や不安、友人との関係を失うことへの恐れをともなっていることがわかります。

4）思春期の家族・親子関係のあり方とその変化

すでにふれたように、思春期の親子関係の変化は、子どもの側に生じる親からの自立の欲求や衝動を出発点とします。そしてその欲求や衝動は、ときに親に対する反抗という形で現れ、親子の間に衝突を生じさせます。これが思春期が反抗期ともよばれる理由です。

しかし、親への反抗は、親とのつながりが不必要になったことを意味しているわけではありません。たとえば、親との相互の信頼関係がある場合、中学生は、親友との信頼関係のあり方に関係なく、学校での適応がほぼ良好であるとされています（酒井他, 2002）。また、以前は思春期の自立（自律）は、親から分離し独立することで可能になるという見方が強調されていましたが、近年では、むしろ親との親密な関係の中でそれが果たされるという見方が主流になっています（平石, 2014）。

このように、子どもの中で友人との関係に重点が置かれる時期であっても、依然として親の存在や親との信頼関係は子どもの成長に無関係ではなく、親への否定的な感情は、子どもにとって自分の存在そのものを揺さぶりかねないものでもあります（白井, 2011）。

5）家族・親子関係の果たす役割や意味

思春期の子どもは、子どもから大人へと移行する中で、大人としてふるまうことを試み、また大人や親もそのことを要求します。しかし、思春期は依然として大人になる変化の途上にあります。したがって、自分自身の思いや感情を十分にことばで表現することの難しさや、自分でも自分のことがわかりきれていない、といった未熟さ・不安定さもかかえています（保坂, 2010）。このように考えると、友人・仲間関係の中で生じるいじめや非行、親への反抗は、子どもが友人や親との関係のあり方や関わり方、また自分自身のあり方を探っていることの現れであると理解することもできます。

思春期の子どもが、親からの自立を試み、新たな関係を求めて友人とより多くの時間を共有するようになると、親は子どもの生活や人間関係が見えづらくなります。さらに感情をことばで表現する能力がまだ未熟であるがゆえに、親であっても、子どもの内面を理解することは容易ではありません。

しかし、思春期の自立は、親との親密な関係の中で果たされていくものです。つまり、子どもの自立は、親子の関係が疎遠になることを意味するのではなく、むしろ親子としてつながりながらも、子どもにとっての親の存在の意味や、親子としての関係のあり方が再構成されることだといえます（濤岡, 2020)。したがって親の側も、思春期の子どもは、大人になることを志向しつつ、親子のつながりの中では、子どもの立場で親と関わり続けている、という理解に立つことが重要であり、その上で親としての新たな関わり方や役割を探っていくことが、思春期の支援につながっていくといえます。

第２節　思春期の心理社会的問題——不登校を例に

前節では、対人関係に注目し、思春期の発達について見てきました。ここでは、思春期にその発生数が増える**不登校**に注目し、この時期に生じる問題と家族の関わりについて理解を深めていきます。

１）不登校とは——統計から見る平均像と事例から見る個人像

不登校は、状態も要因もきわめて多様で複雑な社会現象であり、これまで学校恐怖や分離不安、登校拒否などとよばれてきました。現在よく使われている定義では、「不登校とは、何らかの心理的、情緒的、身体的、あるいは社会的要因・背景によって年度間30日以上欠席すること」となっています。不登校になる理由は、一人ひとり異なりかつ複雑ですが、全体を大きく二つにわけると、まず本人に関する要因としては、不安の傾向（33.3％）、無気力の傾向（29.1％）、学校の人間関係に課題をかかえる特性（17.4％）が、他方、環境に関する要因としては、家庭にかかわる状況（37.6％）、学校での友人関係をめぐる問題（27.8％）、学業の不振（21.6％）が報告されています（文部科学省, 2019）。

また不登校率は小学校（約0.7％）よりも中学校（約3.6％）で顕著に高く（文部科学省, 2019）、その増加には、小学校から中学校への環境移行と、思春期の発達との重なりが影響をおよぼしていると考えられます。たとえば小学校での「みんな仲よし」と違って、中学校では、特定の者との親密さが増し、友人関係が排他的になるため、対人スキルに課題をかかえる子どもはより適応しにくくなります。また中学校では、勉強の難易度が高くなります。そのため、学力の遅れが不登校につながりやすくなります。さらに自意識の発達が、自分がどういう人か、他者から自分がどう見えるかという内部に向ける関心として現れます。自意識が高いことによって他者の目線に対する不安や劣等感が強まり人と関わることを避けようとする生徒も現れてくるようになります（大渕, 2006; 笠井, 2015）。

これまで不登校の全般的な要因とメカニズムについて述べてきましたが、さらに子ども個人の事例で不登校の実際を見てみましょう。

たとえば小学校時代は幼なじみのＵ次郎に支えられて登校できていたＡ雄は、小規模な小学校から中学校に進学後、Ｕ次郎とのすれ違いが多くなった結果、不登校になっていったという事例があります（神村・上野, 2015）。不登校の理由として上であげた「学校での友人関係をめぐる問題」に当てはまると思われるかもしれません。しかし、Ａ雄は中学校に入ってからの挫折のみで不登校になったわけではありません。小学校段階からの対人スキルの課題、それに対する保護者の関わり、小学校と中学校の連携不足によって支援が必要な生徒の事前把握と支援の検討が不十分だったなど、複数の要因がともに影響した結果だといえます。他にも**発達障害**、家庭環境の不備と学校生活の挫折、まわりの支援の欠如などが重なって不登校になった事例も多く報告されています（e.g. 近藤他, 2004）。

2）不登校の支援

不登校は病理というよりも、多くの要因が重なった結果である場合が多いのです。したがって、支援のあり方も単純に登校をうながすだけではなく、多方面に目を配る必要があります。

学校現場での支援に関しては、不登校対応の個別支援計画と多様な連携が重要だと指摘されています（小野, 2018）。個別支援計画の立案においては、特別支援コーディネーターをはじめ、担任の先生、養護教諭、スクールカウンセラーなど、多様な視点から検討することによって、生徒の特性や問題の経過など多くの情報を統合することができます。その結果適切な支援方針の検討が可能になります。また、学校内部にとどまらず、保護者や生徒との面接による情報収集や、学外専門家による助言も必要とされます。計画の実行の段階では、保護者に対しては学校の支援チームから家庭内の対応をアドバイスし、生徒本人に対しては、勉強のつまずきに関しては教員や外部の指導員など、情緒的な不安・無気力に関しては養護教諭、スクールカウンセラーといったように、多様な支援の連携が有効だと考えられます。さらに教室登校ができるように、入りやすいクラス全体の雰囲気をつくるという教師たちの学級運営の努力も不可欠です。たとえばまわりに受け入れられているかどうかを不安に思う生徒の場合、教師が子どもの主体性を尊重し、クラス全体の仲がよくなるような学級づくりに努めると、登校に対する嫌悪感が下がることが示唆されています（﨑田・高坂, 2018）。

当然保護者にとって、我が子の不登校は大きな悩みとなります。一方で、保護者自身の心身の健康は子どもにも影響をおよぼすため、悩みをかかえ込まずに援助を求めることが求められます。相談可能な資源は、地域や個人によって違いますが、一般的に学校以外に、教育委員会、公的な相談機関や児童精神科・心療内科、適応指導教室、親の会などがあげられます。もちろん保護者の積極的な協力なしでは、不登校の支援はなかなか実現できません。子どもとの接し方に関して外部のアドバイスを受けながら、保護者が家庭で子どもの心理状態を理解し子どもの自主性を尊重していくことが重要になります（山崎, 2019）。

第3節　青年期の発達課題

次に思春期をこえ、さらに青年期についても見ていきましょう。思春期を含め青年期のはじまりは**第二次性徴**が生じる10歳前後とすることで一致していますが、そのおわりをいつまでとするかにはさまざまな意見があります。たとえば、脳科学的には脳の発達が24歳頃まで続くということから、そこまでを青年期とする考えもある一方で（Sawyer et al, 2018）、現在の若者は30歳くらいにならないと自立が果たされないということから、20代までを青年期とみなすことが一般的です。そこで本節でも青年期を10代～20代全般と広くとらえ論じていきたいと思います。

1）揺れ動く自己

青年期は「自分とはなにか？」という、いわゆる**アイデンティティ**への問いが深まり、それに対して自分なりの暫定的な回答を得ることがテーマとなる時期です。しかし、その道のりは平坦ではなく、少なくない者がさまざまな揺れを経験します。たとえば、**自尊感情**について、日本では子どもや若者の自尊感情の低さがしばしば問題視されます。しかし、青年期に当たる10～20歳頃までは、日本に限らず若者の自尊感情は低下し続け、自分に対する自信を失う時期であることが知られています（Robins et al, 2005）。それでは、なぜこの時期、自尊感情の低下が生じるのでしょうか。その理由の一つに思考の発達があります。

青年期は**具体的操作期**から**形式的操作期**へと発達する中で思考に大きな変化が生じ、論理的な思考や抽象的な思考が可能になってきます。たとえば、アリはイヌよりも大きくて、イヌはゾウよりも大きいとき、アリはゾウよりも大きいという現実にはあり得ないことであっても、前提から結論を正しいと判断できるようになります。さらにアリをＡに、イヌをＢ、ゾウをＣといった記号に置き換えて考えることも可能になります（A＞B、B＞C、∴A＞C）。ここには青年期の自己を考える上でのポイントが二つあります。一つは反省的思考の発生です。論理的思考では、結論のもっともらしさよりも、正しく考えられているかがカギになります。つまり、「『考えていること』を考えられる」というメタ認知が深まり、自分（の考えていること）を客観的に見ることができるようになるということです。そして二つ目は、権威よりも論理が優先されるようになります。それまでは「親や先生が言ったから正しい」とされていたことが、たとえそれが権威ある大人が言ったことであっても、考え方＝論理が間違っていれば、それはオカシイと考えられるようになります。つまり、批判的な思考が強まるということです。そして、このような思考が自分自身に向かえば自尊感情の低下を、他者に向かえば反抗期を形成するきっかけになります。

こうした青年期における思考の発達は、ものごとを深く思考できるようになることを示す一方で、この時期の子どもたちの悩みを深めるようにも働きます。たとえば、「こんなことに悩んでいる自分は、ダメな人なのではないか」というように「『悩むこと』に悩む」というようなことが起きます。青年期に入った子どもが悩みがあってもなかなか周囲に相談しようとしないことの背景には、このような思考の発達が関係していると考えられます。したがって、この時期に子どもが反抗的になったり、自信をなくしたような発言をしたりするときは、すぐにそれを解決しようとするよりも、そこに思考の発達、たとえば「深くものごとを考えられるようになったんだ」というプラスの側面を見ることが大切になります。

2）青年期の自己形成

それでは、このように思考が発達する中で、子どもたちはどのように自己や**アイデンティティ**を形成していくのでしょうか。以下、青年期をおおよそ17歳を境に前半と後半に分けて見ていきます。

青年期前半は、第1節でもふれたように思春期ともよばれ、第二次性徴や思春期スパートとよばれる急激な身長や体重の増加とともにはじまります。いわばこの時期は、変化のしかたが変化する時期であるといえます。そうした変化にともない、この時期の子どもたちは「まだ大人ではないけど、子どもでもない」という形で自己を否定形でとらえる傾向にあります（加藤, 2008）。レヴィン（1950）は、このように大人にも、子どもにも属さない青年の特徴をさして**境界人**（**マージナルマン**）とよびました。したがって、この時期の子どもは、それまでもっていた自己像や他者から与えられる自己像から、常にズラすようなふるまいがしばしば見られるようになります。たとえば、ほめても「先生が思っているほど私はいい子ではない」とか、逆に注意をすると「何にも私のことなんかわかってないくせに」、さらには「普通」と言われることを極端に嫌ったりと、まるで何かに当てはめられることから必死で逃れようとしているようにさえ見えるときがあります。しかし、このことは逆に「何者でもない」ということで、「私とは他ならぬ私である」と、唯一無二の自分を担保しようとしているともいえます。

そうした時期をへて、青年期後半には、「私とは何者であるか」という肯定形で問われるアイデンティティが形成されていきます。**アイデンティティ**とは、エリクソン（2011）によれば、**連続性**と**斉一性**から構成されます。連続性とは、「子どもだったときの自分」と「これからなろうとしている自分」との間がきちんと橋渡しされている感覚です。一方、斉一性とは「自分について自分が抱いている概念」と「属している共同体がその人をどう認識しているか」が調和している感覚です。つまり、アイデンティティを得るとは、まわりから求められている自分というのも悪くないし、その自分になろうとしたからといって、過去の自分を否定する必要もないというような、全体として統合された感覚です。そして、エリクソンはそのような感覚を得るには、いろいろな自分を試す**役割実験**の期間が必要であると述べ、仕事に就くこと、親になることを猶予されたこの期間を**モラトリアム**とよびました。つまり一見、将来の仕事や進路に結びつかないようなことにもがき、試行錯誤している期間こそがアイデンティティを確かなものにするためには重要だということです。

第４節　青年期の心理社会的問題

１）アイデンティティ拡散とひきこもり

しかし、青年期の人みんなが、いつでも、その感覚をもてるわけではありません。何らかの理由からそうした感覚がもてず、自分だけが取り残されたように感じる孤独感や、自分が自分ではなくなってしまったような喪失感にさいなまれ、身動きがとれなくなることが、しばしば生じます。そうした状態のことをエリクソンは**拡散**とよびました。ここではその深刻な例の一つとして、現在、社会問題化している**ひきこもり**について見ていきます。

ひきこもりとは、「ふだんほとんど外出しない（自宅からほとんど出ない、自室からは出るが家からは出ない、近所のコンビニなどには出かける、趣味の用事のときだけ外出する）状態が、６か月以上であること。ただし、身体的病気や自宅での仕事のため外出しない場合は除くが、妊娠、出産、育児、家事、看護、介護などのため外出せず、家族以外とほとんど会話していない場合は含む」（内閣府, 2020）と定義されています。40歳以上65歳未満を対象に行われた調査（内閣府, 2019）では、現在、推計で61.3万人のひきこもりの人がいるとされ、大きな話題になりました。またひきこもりの子どもをかかえる親の会と共同で厚生労働省（2019）が17歳以上を対象に行った調査では、平均年齢が36.8歳、ひきこもりの平均期間が18～19年と高齢化・長期化が以前にも増して進んでいることが明らかにされています。

つまり、ひきこもりは、青年期のみならず、それをこえ、成人期以降にまで影響する問題であるといえます。それでは青年期のひきこもりの実態はどうなっているのでしょうか。またどんな人がひきこもりを経験するのでしょうか。

2）青年期のひきこもりの実態と関連要因

内閣府（2020）が13〜29歳の若者１万人を対象に行った調査で、ひきこもりの経験率を見てみると、13〜14歳で1.8％、15〜19歳では11.5％、20〜24歳では14.6％、25〜29歳では13.5％でした。つまり、ひきこもりは15歳以降に増える問題であることがわかります。

それではひきこもりへと至る要因には、どんなものが考えられるのでしょうか。**不登校**との関連がしばしば指摘されます。**図2.1**は内閣府（2020）の調査データをもとに、ひきこもりと不登校・いじめの関係を示したものですが、確かに不登校経験がない者よりもある者の方がひきこもり経験率が高いことがわかります。さらにわかることは、不登校経験にいじめ被害の経験が加わることで、ひきこもりを経験する割合が高くなることです。具体的には、不登校経験だけであれば、半数以上の人（63.7％）の人はひきこもりにおちいらずにすむのに対し、そこにいじめが加わると逆に半数以上の人（60.8％）がひきこもりにおちいっています。つまり、不登校だけが問題なのではなく、いじめといった他の問題が重なることでひきこもりにおちいるリスクが高くなることがわかります。

3）ひきこもりと家族

それではなぜひきこもりが長期化するのでしょうか。斎藤（2011）は家族の視点から、ひきこもりが継続するしくみを**図2.2**のような形で説明しています。特に問題のない家族の場合、**図2.2のa**のように家族と個人、社会が接点をもち、それぞれコミュニケーションしながら、それぞれの活動を行っていきます。それに対して、ひきこもりをかかえる家族の場合は、**図2.2のb**のように、接点を失います。まずひきこもっている個人は社会との接点を失います。それによって家族との関係が悪化し、自室に閉じこもりがちになるなど、個人と家族も接点を失っていきます。また家族もひきこもりが家族内から出たことを恥じ、それを隠そうとしたりして社会との接点を失いがちになります。そして、そこに残るのは、コミュニケーションではなく、当事者個人は、家族から自分はよく思われていないのではないかというプレッシャー、家族は社会

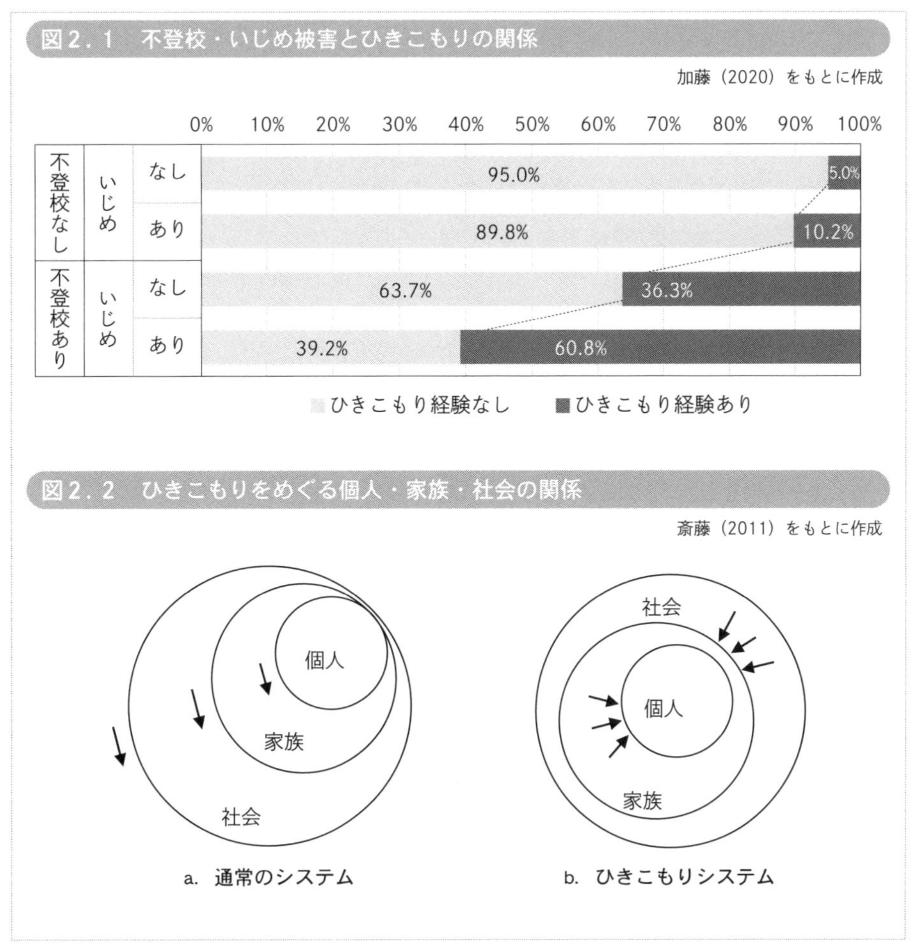

図２．１　不登校・いじめ被害とひきこもりの関係

図２．２　ひきこもりをめぐる個人・家族・社会の関係

からの同様のプレッシャーということになります。ひきこもりが起きることで、個人－家族－社会が互いに距離をとるようになる、距離をとるようになると援助が入りにくくなり、さらにひきこもりが続くという悪循環が生じ、ひきこもりが長期化していくことになります。

したがって、ひきこもりの問題に対応するためには、家族が中心となり、社会や当事者個人との接点を取り戻すこと、ささいなつながりでもいいので、対人関係を取り戻し、その関係を大切に育てていくことを支えるような支援が重要になるといえます。

以上、本章では思春期から青年期への発達とそこで生じる問題について見てきました。次章では社会の中に位置づき、次の世代を育て、そして老いていく成人期から老年期の発達について見ていきましょう。

● 引用文献

Erickson, E. H.（2011）アイデンティティとライフサイクル, 誠信書房

藤野京子（2002）男子非行少年の交友関係の分析, 教育心理学研究, 50, pp.403-411

長谷川眞理子（2015）コラム２ 少年犯罪, 長谷川寿一（監修）・笠井清登・藤井直敬・福田正人・長谷川眞理子（編）思春期学, pp.41-42, 東京大学出版会

平石賢二（2014）親子関係, 後藤宗理・二宮克美・高橋秀明・大野久・白井利明・平石賢二・佐藤有耕・若松養亮（編）新・青年心理学ハンドブック, pp.304-314, 福村出版

保坂亨（2010）いま, 思春期を問い直す：グレーゾーンにたつ子どもたち, 東京大学出版会

神村栄一・上野昌弘（2015）中１ギャップ：新潟から広まった教育の実践, 新潟日報事業社

笠井清登（2015）総合人間科学としての思春期学, 笠井清登・藤井直敬・福田正人・長谷川眞理子（編）・長谷川寿一（監修）思春期学, 東京大学出版会

加藤弘通（2008）わかり合えないないことをわかり合う思春期, 都筑学（編著）やさしい発達心理学, pp.201-216, ナカニシヤ出版

加藤弘通（2020）不登校と諸問題の関係：いじめ・ひきこもり・ニートとの関連, 内閣府, 子供・若者の意識に関する調査（令和元年度版）, pp.124-136

近藤直司・小林真理子・有泉加奈絵・中島真人・河西文子・松本安子・薬師神彩（2004）思春期・青年期における不登校・ひきこもりと発達障害, 精神保健研究, 50, pp.17-24

厚生労働省（2019）ひきこもりの実態に関するアンケート調査報告書：本人調査・家族調査・連携調査
https://www.mhlw.go.jp/content/12200000/000525389.pdf （閲覧日 2021年１月18日）

レヴィン, K（1979）社会科学における場の理論, 誠信書房

宮下一博・小林利宣（1981）青年期における「疎外感」の発達と適応との関係, 教育心理学, 29, pp.297-350

文部科学省（2019）平成30年度 児童生徒の問題行動・不登校等生徒指導上の諸課題に関する調査結果について
https://www.mext.go.jp/b_menu/houdou/31/10/1422020.htm （閲覧日 2021年１月18日）

内閣府（2019）生活状況に関する調査（平成30年度）
https://www8.cao.go.jp/youth/kenkyu/life/h30/pdf/s1.pdf （閲覧日 2021年１月18日）

内閣府（2020）子供・若者の意識に関する調査（令和元年度版）
https://www8.cao.go.jp/youth/kenkyu/ishiki/r01/pdf-index.html （閲覧日 2021年１月18日）

濤岡優（2020）青年期から成人期にかけての自己形成における「子としての自己」：親子の分離－再接近過程に注目して, 心理科学, 41, pp.1-16

大渕憲一（2006）思春期のこころ, 筑摩書房

小野昌彦（2018）発達障害のある子/ない子の学校適応・不登校対応, 金子書房

Robins, R. W., & Trzesniewski, K. H.（2005）Self-Esteem Development Across the Lifespan. Current Directions in Psychological Science, 14, 158-162

斎藤環（2011）第１章 ひきこもりの心理状態への理解と対応, ひきこもり支援読本, 内閣府, pp.3-17
https://www8.cao.go.jp/youth/kenkyu/hikikomori/handbook/ua_mkj_pdf.html （閲覧日 2021年

１月18日）
酒井厚・菅原ますみ・眞榮城和美・菅原健介・北村俊則（2002）中学生の親および親友との信頼関係と学校適応，教育心理学研究，50，pp.12-22
﨑田亜紀穂・髙坂康雅（2018）中学１年生における内的作業モデルが登校回避感情に及ぼす影響と学級機能との関連，教育心理学研究，66（4），pp.276-286
Sawyer, S., Azzopardi, S., Wickremarathne, D., & Patton.（2018）The age of adolescence. The Lancet Child & Adolescent Health, 2, 223-228
白井利明（2011）学童期・思春期，氏家達夫・高濱裕子（編著）親子関係の生涯発達心理学，pp.63-77，風間書房
Sullivan, H. S.（1990）．精神医学は対人関係論である（中井久夫・宮崎隆吉・高木敬三・鑪幹八郎 訳），みすず書房，（Sullivan, H. S.（1963）．The interpersonal theory of psychiatry. New York: W.W. Norton）
山崎透（2019）不登校支援の手引き：児童精神科の現場から，金剛出版

第3章 成人期から老年期の発達の特徴

辰巳裕子

この章では、青年期をへて一人の成人として社会の中に位置づいていく成人期から、人生の最後を迎える老年期までの発達の特徴について述べます。成人期になると、進路選択や社会的役割によって個人の生活環境は大きく異なっていきます。また、「人生100年時代」といわれる現代において老年期をいかに豊かに過ごすかは、私たちに共通の課題といえるでしょう。

第1節 成人期前期の発達と役割

1）成人期前期の特徴

我が国における成年年齢は、明治9（1876）年以来20歳とされ、20歳になる年の成人の日に「成人式」を開催することで、大人の仲間入りをする儀式を行ってきました。しかし、2015年6月、公職選挙法等の一部を改正する法律が成立し、憲法改正国民投票の投票権年齢や、公職選挙法の選挙権年齢が20歳から18歳に引き下げられました。国政上の重要な事項の判断に関して、18歳、19歳を大人として扱うという政策が進められたのです。また2022年には、民法第4条で定められている成年年齢が20歳から18歳へ引き下げられることが決

表３．１　高等学校卒業後の状況

文部科学省「令和元年度 学校基本調査（確定値）の公表について」（2019年12月25日）をもとに作成

（単位：人，％）

区　分	卒業者	大学・短大進学者(率)	うち大学(学部)進学者(率)	専門学校進学者(率)	専修学校(一般課程)等入学者(率)	公共職業能力開発施設等入学者(率)	就職者(卒業者に占める就職者の割合)	うち正規の職員等(率)	一時的な仕事に就いた者(率)	左記以外の者(率)
2010年3月	1,071,422	582,272 (54.3)	513,013 (47.9)	170,352 (15.9)	68,117 (6.4)	7,696 (0.7)	168,727 (15.7)	…(…)	15,560 (1.5)	59,703 (5.6)
2011年3月	1,064,074	573,679 (53.9)	507,509 (47.7)	172,200 (16.2)	66,592 (6.3)	6,904 (0.6)	173,566 (16.3)	…(…)	14,994 (1.4)	56,965 (5.4)
2012年3月	1,056,387	565,779 (53.6)	503,545 (47.7)	177,486 (16.8)	64,305 (6.1)	6,796 (0.6)	176,931 (16.7)	…(…)	13,892 (1.3)	51,922 (4.9)
2013年3月	1,091,614	581,144 (53.2)	517,416 (47.4)	185,588 (17.0)	66,494 (6.1)	6,852 (0.6)	184,656 (16.9)	…(…)	13,623 (1.2)	53,951 (4.9)
2014年3月	1,051,343	566,309 (53.9)	505,240 (48.1)	178,735 (17.0)	57,154 (5.4)	6,412 (0.6)	183,635 (17.5)	…(…)	11,957 (1.1)	47,795 (4.5)
2015年3月	1,068,989	583,533 (54.6)	522,656 (48.9)	178,069 (16.7)	55,468 (5.2)	6,383 (0.6)	189,739 (17.7)	187,677 (17.6)	9,616 (0.9)	46,721 (4.4)
2016年3月	1,064,352	583,704 (54.8)	525,195 (49.3)	173,629 (16.3)	57,006 (5.4)	6,165 (0.6)	189,868 (17.8)	188,053 (17.7)	8,397 (0.8)	46,057 (4.3)
2017年3月	1,074,655	589,121 (54.8)	532,558 (49.6)	173,939 (16.2)	56,912 (5.3)	6,367 (0.6)	190,311 (17.7)	188,847 (17.6)	7,797 (0.7)	50,641 (4.7)
2018年3月	1,061,565	581,958 (54.8)	527,996 (49.7)	169,058 (15.9)	58,083 (5.5)	6,245 (0.6)	186,289 (17.5)	184,921 (17.4)	6,987 (0.7)	53,199 (5.0)
2019年3月	1,055,807	578,382 (54.8)	527,457 (50.0)	172,339 (16.3)	53,389 (5.1)	5,962 (0.6)	185,613 (17.6)	184,523 (17.5)	6,526 (0.6)	53,548 (5.1)

注１）「就職者」には、大学・短大・専門学校などに進学した者のうち就職している者を含む。

注２）大学・短期大学進学率＝$\frac{\text{大学の学部、短期大学の本科、大学・短期大学の通信教育部、同別科および高等学校・特別支援学校高等部の専攻科に進学した者}}{\text{各年３月の高等学校卒業者および中等教育学校後期課程卒業者}}$

注３）卒業者に占める就職者の割合＝$\frac{\text{就職者}}{\text{各年３月の高等学校卒業者および中等教育学校後期課程卒業者}}$

まっています。

民法の定める**成年年齢**とは、① 一人で有効な契約をすることができる年齢であり、② 親権に服することがなくなる年齢です。つまり、18歳以上であれば、携帯電話利用の契約を結んだり、ひとり暮らしをするための賃貸借契約や、クレジットカードの作成などを単独で行ったりすることが可能になるのです。18歳、19歳の若者の自己決定権が尊重されると同時に、自らの決定に責任を持ち、積極的に社会参加していくことが求められるようになりました。

文部科学省（2019）の「学校基本調査（令和元年度結果の概要）」によると、高校卒業者に占める大学・短期大学への進学者の割合は54.8%、専門学校への進学者の割合は16.3%、就職者の割合は17.6%（うち、正規の職員など17.5%）となっています。同じ年齢でも、選択したライフコースにより、個人をとりまく生活環境はがらりと変容します（**表３．１**）。たとえば、高校卒業後に就職した

事例1　高校卒業2年後、友だちと会う

18歳は「子ども（娘・息子）」から「社会人」となり、給与を手に入れます。習いごとや趣味にお金をかけて自己投資ができますし、仕事を通しての社会経験も豊富となります。一方、進学した18歳は、学業・研究を通してさまざまなことを学び、自由な時間を利用してサークル活動を楽しんだり交友関係を広げたりすることができます。何をしたいか、どのように生きたいかを自らの選択によって決めていくことができるのが、成人期の特徴だといえるでしょう。

2）社会人としての役割（就職キャリアの現状／ワークライフバランス）

日本の企業は、元来**メンバーシップ型**（会社の社員となりキャリアを積み重ねる）の「就社」が主流でした。就職は、何らかの職業に就くことを指しますが、「就社」は特定の会社に入ってその会社のために働くことを意味します。日本の多くの企業では長年、入社したての若い頃は低い賃金で働き、年齢と経験を重ねることで昇給する**年功賃金制**が一般的であったことから、長く一か所で働くことがよいとされてきました。そのため、会社の方針や組織の風習になじみ、社内での異動を通してネットワークを築き、信頼や居場所をつくる必要があったのです。こうした会社との関係性の中で、個人は私生活よりも仕事を優先し、会社に人生を捧げるような生き方をする傾向がありました。

これに対して、近年、仕事と生活の調和（**ワークライフバランス**）が大切であるという考え方から、内閣府は、「国民一人ひとりがやりがいや充実感を感じながら働き、仕事上の責任を果たすとともに、家庭や地域生活などにおいても、子育て期、中高年期といった人生の各段階に応じて多様な生き方が選択・実現できる社会」が必要であるとし、2019年4月1日に「働き方改革関連法」を施行しました。この改革によって政府は、① 就労による経済的自立が可能な社会、② 健康で豊かな生活のための時間が確保できる社会、③ 多様な働き方・生き方が選択できる社会を目指す、としています。

こうした働き方改革にともない、現在では、**ジョブ型**（職務内容に合わせ人材を募集する）の多様な就業形態が見られるようになってきています。ジョブ型の就業形態では、年功賃金制による定年退職制ではなく、その職種に必要なスキルが求められます。70歳・80歳代であっても、個人がもっているスキルが企業とマッチすれば働けることから、幅広い年齢層の多種多様な人材の就労が可能です。また、特定の組織に属さず、自らの専門性や能力・人脈などを生かして自由契約で仕事をするフリーランスという働き方や、情報通信技術（ICT = Information and Communication Technology）を活用して、自宅やサテライトオフィスで仕事をするなど、場所や時間にとらわれない柔軟な働き方が可能になってきています。

このように就業形態が多様化することにより、個人の志向性にあった自由な働き方が可能になった一方、雇用の不安定さや正規雇用と非正規雇用の待遇格差が問題となっています。これらの問題解決のために、2020年４月からは、雇用形態または就業形態の異なる労働者間の均衡のとれた待遇を確保するための法改正が進められています（厚生労働省, 2019）。

3）家庭人としての役割（結婚・出産・親になること）

成人期のライフコースの選択肢には、結婚・出産が含まれます。我が国では、長い間、結婚してから出産することが一つの規範ととらえられてきましたが、近年では、結婚するかしないか、子どもをもつかどうかについても個々の考え方が尊重されるようになりました。内閣府が2014年度に行った「結婚・家族形成に関する意識調査」によると、現在結婚していない理由では、男女ともに「適当な相手にめぐり合わないから」（全体54.3%）が最も高く、次に男性は「結婚後の生活資金が足りないと思うから」（35.2%）、女性は「自由や気楽さを失いたくないから」（25.6%）があげられています。また20代では「まだ若すぎるから」が男性（42.1%）女性（31.6%）ともに多くあげられていました（内閣府政策統括官, 2015）。金銭に関する価値観・自分自身の時間の使い方の変容が結婚を遠ざけている様子がうかがえます。さらに同調査を見ると、結婚を決めた理由として、妊娠や将来の見通しなどによる「結婚の選択を迫られる状況」や、「具体的に結婚を考える後押しとなる出来事」などがあげられている

事例2　あなたは、結婚・子育て早い派・遅い派？

ことから、若者が結婚を決断するためには、そうせざるをえない具体的な状況が必要であることがうかがえます。

一方、結婚の年齢は、最終的にもつ子どもの数と関係があることが明らかになっています（国立社会保障・人口問題研究所, 2015）。既婚者に、子どもをもつことへの阻害要因を聞いた設問では、教育費などの経済面の他、「女性（妻）の年齢」があげられていました。晩婚化が少子化を進める要因となっているのです。このことから、少子化対策の一環としても、不妊治療や高齢出産・育児に関する行政サポートを充実させることが求められます。

子育てにおいては、少子化や**核家族化**の進行、地域のつながりの希薄化により、相談できる身近な相手が地域にいないないために、子育てが孤立し、負担感が増大しています（第4・5章参照）。20代前半では、社会経験が少なく、周囲に子育ての悩みを共有できる友人や頼れる知人も少ない場合には特に孤立しやすい傾向にあり、虐待年齢構成を見ても20歳代の母親による虐待事例が最も多い状況にあります（厚生労働省, 2004）。一方、中年層の保護者は社会経験も豊富で子育てに対して比較的余裕をもつことができる反面、育児期にある者（世帯）が親の介護を引き受ける「**育児と介護のダブルケア**（以下、**ダブルケア**とする）」の負担が指摘されています。

このような状況に対して厚生労働省は、身近な場所に子育て親子が気軽に集まって相談や交流を行う「地域子育て支援拠点」の整備を進めています（第13章参照）。また各市町村では、子育て親子の交流の場の提供と交流の促進、子育てに関する相談・援助の実施、地域の子育て関連情報の提供など、地域の実情に応じた子育て支援事業を展開しています。さらに、乳幼児・小学生の送迎や放課後の預かり、病児・病後児の預かりなどを中心に、援助を受けたい者と援助を行いたい者が会員となり相互援助活動を行うファミリー・サポート・センター事業も行われています。地縁・血縁による子育てがかつてほど行われなくなった現代では、このような公共の**子育て支援**サービスを利用しながら子育てすることが一般的になっています。

第2節 成人期後期（壮年期）の発達と役割

40〜65歳頃に当たる壮年期は、自らの子どもを育てるだけでなく、職業上の知識や技術、子育ての知識や技術を次の世代に伝達するという意味で次世代を育て、社会の中心を担っていくときです。同時に、これまでのライフコースの選択の仕方や、有業・無業・子どもの有無、金銭的な消費や時間の使い方などの違いにより、日々の暮らしのしかたにおいて最も個人差が大きくなるときでもあります。誰もが同じではないため、一般的な解決方法がなく、何か問題が発生した場合には個人で悩みをかかえがちになります。特に子どものいる家庭では、「子どもの教育や進路」「夫婦間の問題」などで悩みや問題が発生したときに、「精神的サポート」や「世話的サポート」「経済的サポート」を提供してくれる資源の有無は、仕事と生活を両立させる上で重要になります。

困ったときは誰に相談する？――精神的サポート

国立社会保障・人口問題研究所が5年ごとに行っている全国家庭動向調査によると、出産や育児で困ったとき、妻は夫よりも親に相談する割合が高いのですが、子どもの教育や進路に関しては、夫に相談する割合が高くなっています。しかし近年では子どもの教育や進路に関しても親へ相談する割合が増加傾向にあります。また夫婦間の問題があったときは、これまでは、きょうだいに相談する割合が高い傾向にありましたが、近年では非親族への相談件数が増加傾向にあります（国立社会保障・人口問題研究所, 2020）。このような相談相手の変化の背景には、**核家族化**やきょうだい数の減少によって、何かあったときに相談できる家族の人数が少なくなっていることが考えられます。そのため、今後は、いつでも誰でも社会資源による精神的サポートを受けられる環境をつくっていくことが必要となるでしょう（**図3．1**）。

ワークライフバランスは進むか――世話的サポート

子どもの世話や介護を誰が担うかという「世話的なサポート」では、「1歳になるまでの世話」は、2018年調査では妻が担う割合が87.6％と、きわめて高くなっています。またその割合は近年さらに増加する傾向にあります。この背景としては仕事と育児の両立支援が充実し、育児休暇を取得しやすくなっていることが考えられます。一方、「平日の昼間、第一子が1歳から3歳になるまでの世話」や「妻が働きに出るときの子どもの世話」では、公共機関の割合が増加しています。企業主導型保育事業が2016年度からはじまり、これまで待機児童になっていた低年齢児を受け入れる保育施設が増加したことや、地域の実情に応じて開設が可能な認定こども園の増加などによって、保護者自身が子どもの保育環境を選択して仕事と家庭を両立することができる環境が整いつつあるようです（**図3．2**）。

では、夫と妻の育児分担割合はどうなっているでしょうか。2008年の調査以来、依然として妻が夫を圧倒的に上まわっていますが、年齢別に見ると、妻の年齢が若いほど、夫が「遊び相手をする」「風呂に入れる」などの育児を手伝う頻度が高くなっています。この背景には、男性も子育てに参加できるワークライフバランスの推進や夫婦間の子育てに関する意識の変容があると考えられます（**図3．3**、**図3．4**）。

一方、子育て家庭の中には、夫の仕事が忙しすぎることや単身赴任、子育てへの無理解などにより、育児のすべてを妻1人でこなす**ワンオペ育児**の家庭もあることが指摘されています（第6・13章参照）。夫婦にとって双方の親（特に母親の親）は出産・子育てに対するサポートを提供する大きな資源ですが、同居・近居していないことが多く、サポートを受けにくい家庭も多くなっています。家事分担割合も、育児分担割合と同様、妻がそのほとんどを担うというアンバランスな状況となっていますが、近年では、若干ではあるものの、夫の家事分担割合が上昇傾向にあるようです（**図3．5**）。家事に対する妻の夫への期待は、夫婦の年齢が低いほど高く、また実際の家事遂行においても若者の方が高い現状にあることから、今後は男性が「家事を手伝う」意識から「自ら家事をする」という意識へ変わっていくのではないかと期待されます（**表3．2**）。

ライフステージの変化にともなって増加する支出――経済的サポート

子育てには、食費や衣服費、教育費、医療費などさまざまな費用が発生しま

図３．１　最も重要な精神的サポート源の推移

国立社会保障・人口問題研究所（2020）をもとに作成

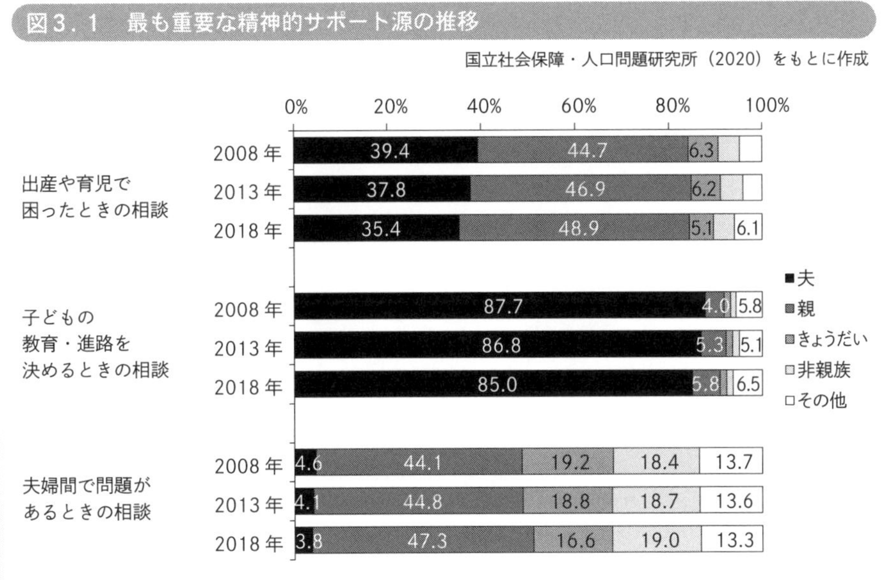

注）妻の年齢が70歳未満であり、子どもがいる世帯について集計。

図３．２　最も重要な世話的（長期的）サポート源の推移

同前

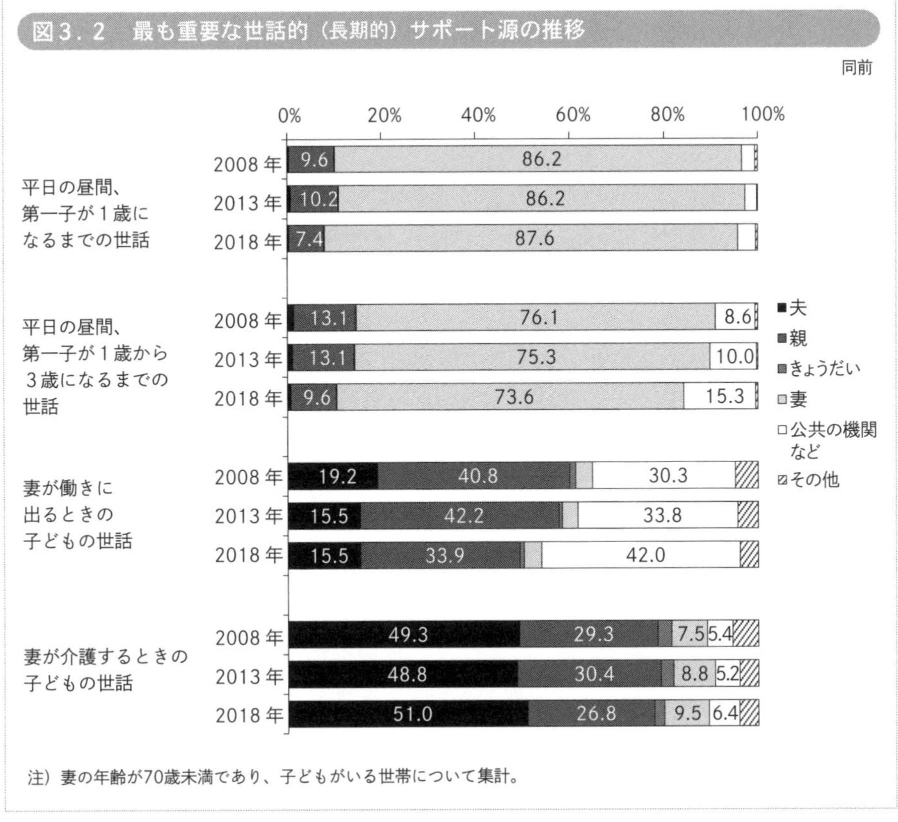

注）妻の年齢が70歳未満であり、子どもがいる世帯について集計。

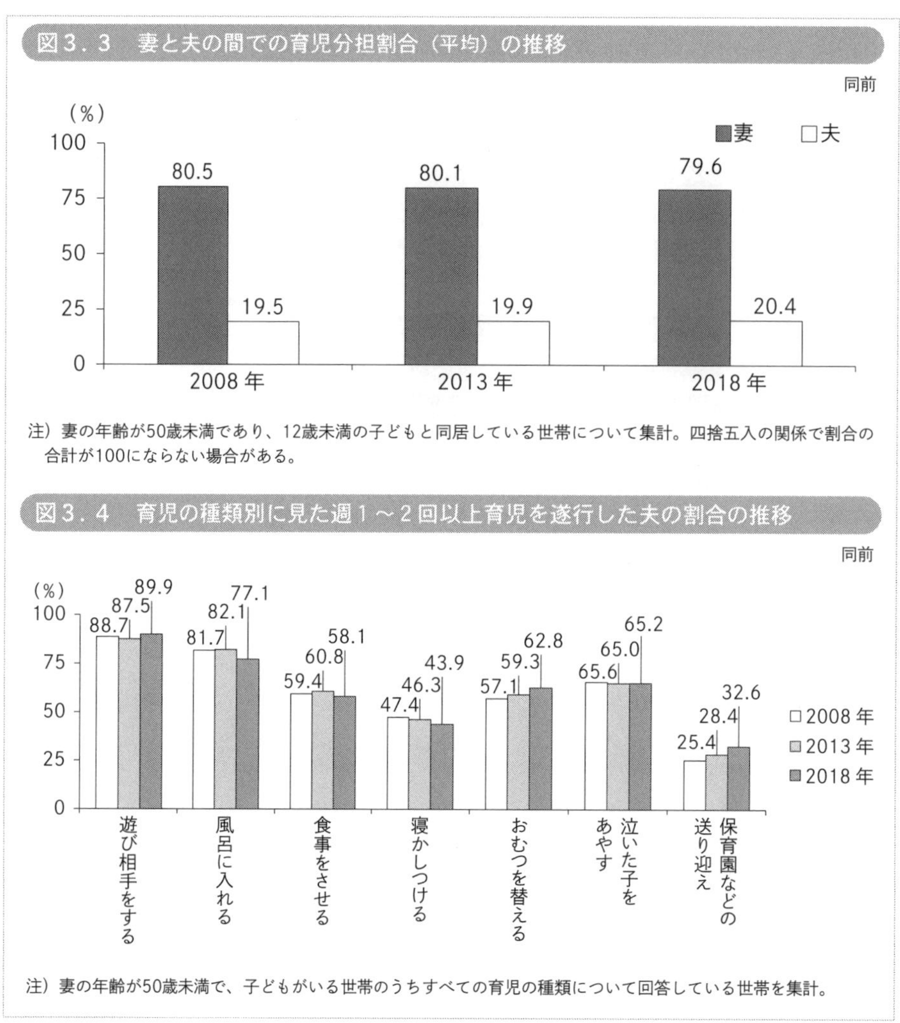

図３．３　妻と夫の間での育児分担割合（平均）の推移

注）妻の年齢が50歳未満であり、12歳未満の子どもと同居している世帯について集計。四捨五入の関係で割合の合計が100にならない場合がある。

図３．４　育児の種類別に見た週１～２回以上育児を遂行した夫の割合の推移

注）妻の年齢が50歳未満で、子どもがいる世帯のうちすべての育児の種類について回答している世帯を集計。

す。国は、児童手当や保育料の無償化、ひとり親手当など子育てに関する多様な経済的支援を用意していますが、社会情勢の変化にともなう保護者の就労状況の変化や、家族や自分の疾病・死亡などによる生活環境の変化、また子どもの成長にともなう教育費の増加や加齢による医療費、老後に備えての健康保険料など、ライフステージの変化にともなう支出の増加によって、家計が不安定になることもあります。

国立社会保障・人口問題研究所（2020）によれば、経済的に困ったときに妻が頼る経済的サポートは2018年調査では「親」が64.6％ともっとも高く、次いで「夫」は23.6％となっていました。経済的な支援についても夫より親が頼りにされていることがうかがえます。これに対して、公的な経済支援を含む「そ

図３．５　妻と夫の間での家事分担割合（平均）の推移

同前

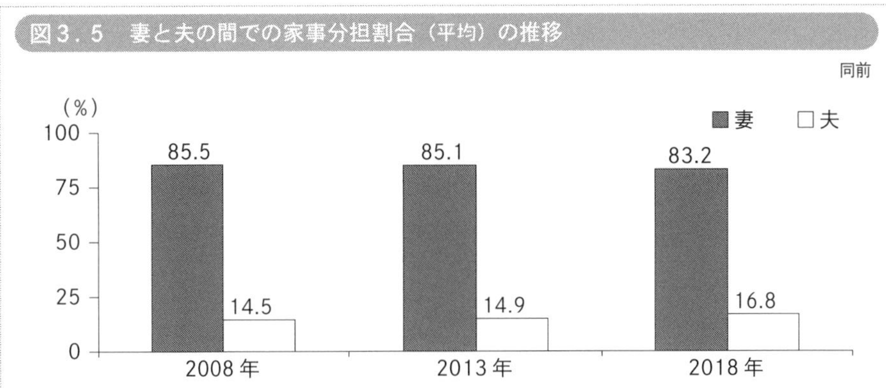

注１）妻の年齢が60歳未満の世帯について集計。四捨五入の関係で割合の合計が100にならない場合がある。
注２）図中の数値は夫と妻の家事の合計を100としたときの分担割合を表す。

表３．２　夫の家事に対して「期待する」「期待しない」と回答した妻の割合（2018年）

同前

属性		n	期待する（%）	期待しない（%）
妻の年齢	29歳以下	151	53.0	47.0
	30～39歳	784	42.9	57.1
	40～49歳	1,153	33.6	66.4
	50～59歳	1,159	36.8	63.2
妻の従業上の地位	常勤	812	51.0	49.0
	パート	1,272	33.8	66.2
	自営	228	34.2	65.8
	その他	811	30.8	69.2
夫の帰宅時間	17～19時台	1,336	40.2	59.8
	20～21時台	805	33.4	66.6
	22～23時台	268	31.7	68.3

注１）妻の年齢が60歳未満の世帯について集計。夫の帰宅時間に関しては、夫が自宅外で仕事をしている場合に限って集計。
注２）「自営」には家族従業者を含む。「その他」の大多数は仕事を持たないいわゆる専業主婦である。
注３）四捨五入の関係で割合の合計が100にならない場合がある。

の他」の割合は７％程度と低いことから、経済的に困った状況が発生したときに、まず家族内で解決しようとすることがわかります。

一方、家族構成では、年齢が高くなるにつれて、夫あるいは妻の親と同居する割合が高くなる傾向にあります（**表３．３**）。**ダブルケア**を行う者の平均年齢は、育児のみを行う者と比較すると４～５歳程度高く、男女ともに40歳前後でした（内閣府男女共同参画局, 2016）。同居や介護には当然、経済的な支出もともないます。壮年期は、子育てや介護を通して、実際に世話をするだけでなく、経済的にも自分たちの上と下両方の世代を支えているといえるでしょう。

表３．３　妻の年齢別にみた親との同居割合（2018年）

同前

妻の年齢	４人の親のうち誰かと同居		どちらかの母親と同居		妻の父親と同居		妻の母親と同居		夫の父親と同居		夫の母親と同居	
	n	割合（%）	n	割合（%）	n	割合（%）	n	割合（%）	n	割合（%）	n	割合（%）
29歳以下	130	16.9	140	12.9	129	5.4	142	4.9	121	6.6	136	5.9
30～39歳	667	14.5	707	12.3	634	3.3	720	3.5	591	8.1	678	8.3
40～49歳	1,024	17.3	1,049	14.7	840	2.7	1,020	3.7	749	10.3	951	11.4
50～59歳	951	23.3	960	21.6	452	4.4	819	7.8	330	14.8	690	18.4
60～69歳	578	25.1	561	23.9	114	9.6	445	11.9	66	27.3	284	25.4

注）妻の年齢が70歳未満の世帯について集計。

第３節　老年期（65歳以上）の発達と役割

老年期はエリクソンの提唱したライフサイクル論の最後の段階であり、「老い」の時期です。長寿大国日本では、今や「人生100年時代」といわれていますが、入退院を繰り返し、ただ年老いていくだけの老後では真の長寿とはいえません。健康に働き、生活できる**健康寿命**を延ばし、残された人生をより充実したものにするために、個々人がどのように日々を過ごすか、またそのために必要なサポートは何かを考えることは、国全体の重要な課題です。

１）高齢化の進展

日本の高齢化が世界に着目される理由の一つに、その進展の「速さ」があります。単に高齢者の数が多いというだけでなく、2015年以降顕著になっている少子化の進行によって人口に対する**高齢化率**が高くなっていることが、速さの原因です（**図３．６**）。また、65歳以上の者のいる世帯の世帯構成（世帯の種類）では、単独世帯および夫婦のみ世帯が増加する一方、三世代世帯の割合は減少しています（内閣府, 2019）。日本は、人口の約３割が高齢者であり、その多く

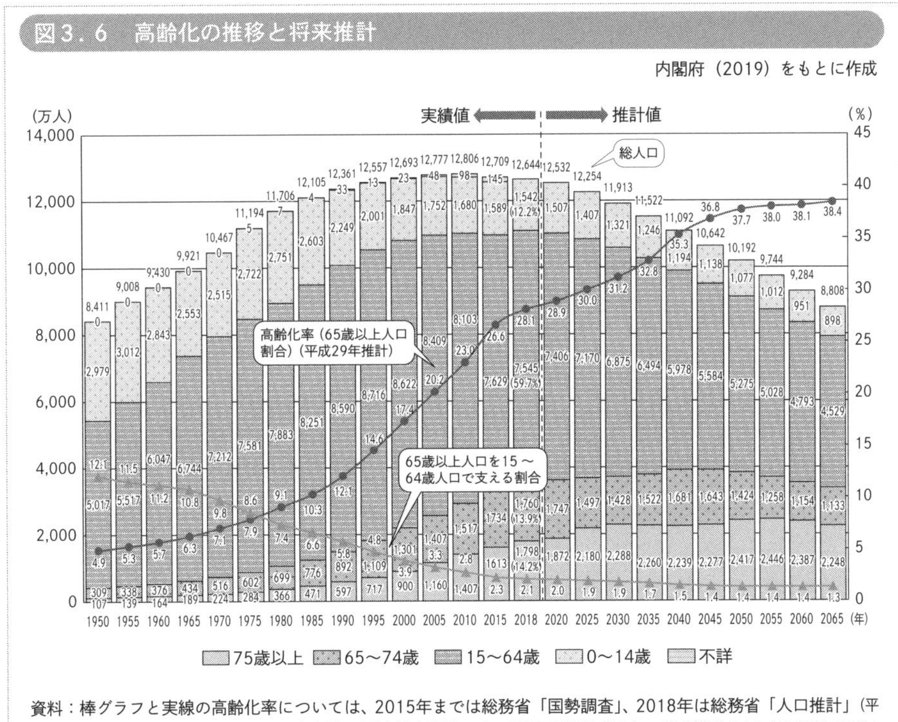

図３．６　高齢化の推移と将来推計

内閣府（2019）をもとに作成

資料：棒グラフと実線の高齢化率については、2015年までは総務省「国勢調査」、2018年は総務省「人口推計」（平成30年10月１日確定値）、2020年以降は国立社会保障・人口問題研究所「日本の将来推計人口（平成29年推計）」の出生中位・死亡中位仮定による推計結果。

注１）2018年以降の年齢階級別人口は、総務省統計局「平成27年国勢調査　年齢・国籍不詳をあん分した人口（参考表）」による年齢不詳をあん分した人口に基づいて算出されていることから、年齢不詳は存在しない。なお、1950年～2015年の高齢化率の算出には分母から年齢不詳を除いている。

注２）年齢別の結果からは、沖縄県の1950年70歳以上の外国人136人（男55人、女81人）および1955年70歳以上23,328人（男8,090人、女15,238人）を除いている。

注３）将来人口推計とは、基準時点までに得られた人口学的データに基づき、それまでの傾向、趨勢を将来に向けて投影するものである。基準時点以降の構造的な変化等により、推計以降に得られる実績や新たな将来推計との間には乖離が生じうるものであり、将来推計人口はこのような実績等を踏まえて定期的に見直すこととしている。

がひとりで暮らしている社会なのです。

「平成28年版厚生労働白書」によれば、高齢者がもつ単独生活への不安要素として、「病気になったとき」「寝たきりや身体が不自由になり介護が必要になったときのこと」「買い物などの日常生活のこと」が上位にあがっています。また、期待するサービスとしては、「通院、買い物等の外出の手伝い」「急病などの緊急時の手助け」「洗濯や食事の準備など日常的な家事支援」が上位になっています（厚生労働省, 2016）。夫婦のみ世帯では、**老々介護**（「高齢の妻が高齢の夫を介護する」「65歳以上の子どもがさらに高齢の親を介護する」など、65歳以上の高齢者を同じく65歳以上の高齢者が介護している状態）により、サービス利用の有無にかかわらず、日々の生活に負担がかかっている状況です。75歳以上の**後期高齢者**数や**要介護・要支援認定者**数も急激に増えています（**図３．７**、**図**

3．8）。血縁・地縁が希薄になっている現代社会において、高齢者が地域で生活するためには、社会資源が重要な要素となります。

一方、親子で暮らす世帯には「**8050問題**」もあります。「8050問題」とは、80代の親が50代の子どもを経済的に支える必要がある状態のことを指します。8050問題の背景には、2000年以降の長引く不況によって、非正規雇用や派遣社員が増加したことに加え、リストラをされたり会社が倒産したりして職を失うケース、病気やけがにより家にひきこもるケースなどがあります。子の収入がなくなることで親の年金だけが収入源になってしまい、親子ともに生活困窮に至ることもあります。このような状況に対して、厚生労働省は2009年に「ひきこもり対策推進事業」を創設、2019年度からは**ひきこもり**対策と生活困窮者自立支援制度との連携を強化して、相談支援・訪問支援などを行っています。

2）人生をより豊かに生きるために

100年という長い人生の期間をより充実したものにするためには、幼児教育、小・中・高の学校教育、短大・大学等の高等教育だけでなく、社会人になってからの学び直しや高齢者を対象とした地域の教養講座に至るまで、生涯にわたって学習を続けられる環境が必要です。新しい知識を得たり、見方や考え方を改めたりする機会は、高齢者の心身を健康に保つことにつながります。また、シルバー人材センターなどの組織に所属して働くことや、地域の小学校などでボランティアとして活躍することは、高齢者の生きがいとなるのに加え、ただ支援を受けるだけの存在ではない、地域社会に貢献することのできる存在として、高齢者の自尊心を高めることにつながるでしょう。

人は、年齢を重ねるにつれて、いかに生きるかを考えると同時にいかに最期のときを迎えるかということを考えるようになります。人生の最後をどのように過ごすか、**緩和ケア**、**ターミナルケア**をどのようにするかを、当事者を含めて家族間で話し合っておくことも、その人がその人らしく生きるために重要な要素です。とはいえ、人間にとって死は受け入れがたいものです。死の受容に関して、キューブラー・ロスは**図3．9**のような５段階モデルを提示しています。また残された家族に対しては、身近な人と死別する悲しみから立ち直れるよう支援をする**グリーフケア**という考え方があります。

老後をただ不安に思うのではなく、自らの生き方を振り返って、残された未

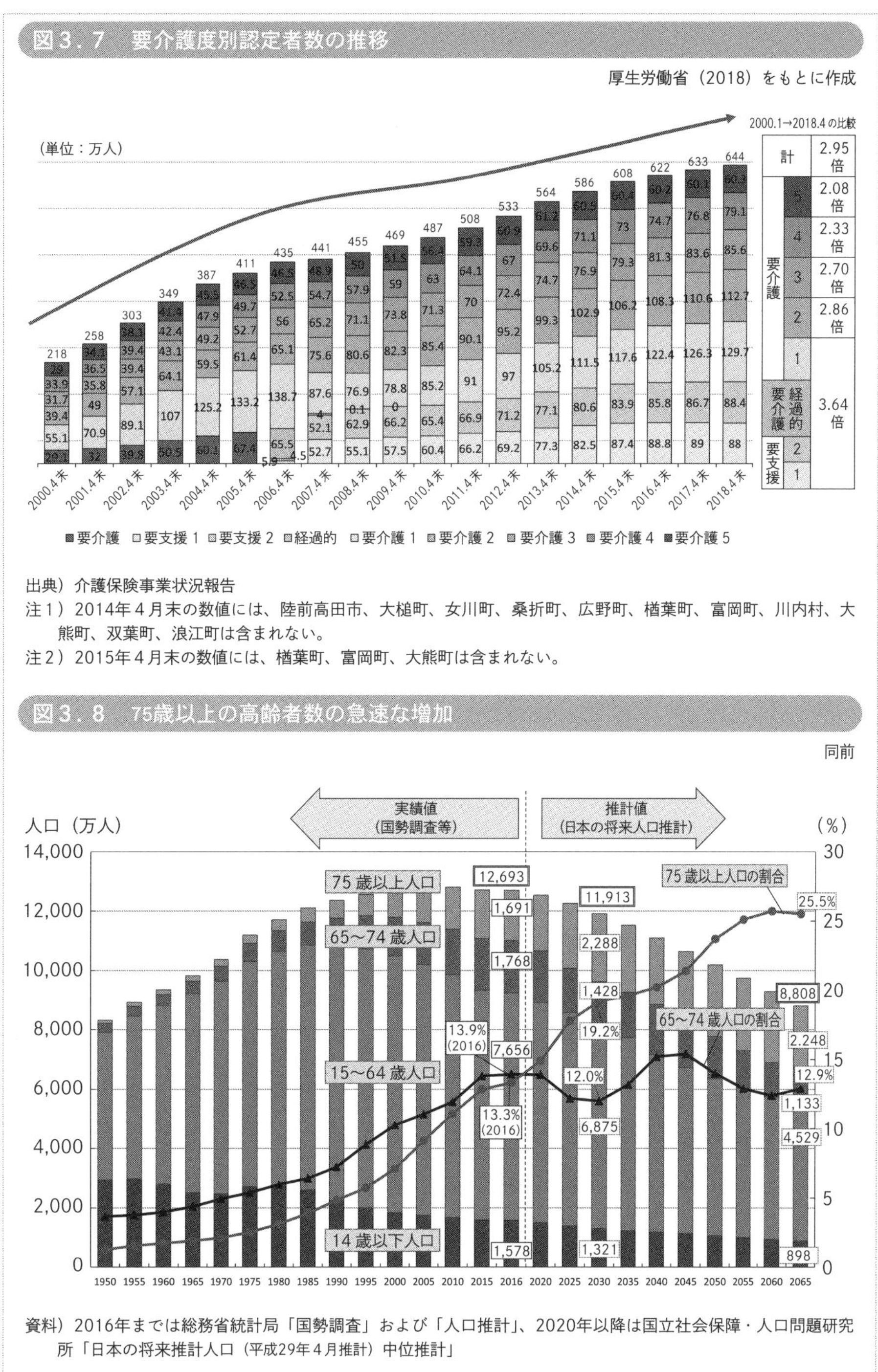

来に向けて最後のときをどのように生きるか考えるために、自治体やNPOなどが中心となり、「私の老後の生き方・暮らし方ノート（**エンディングノー**

図３．９　キューブラー・ロスの５段階モデル（死の受容モデル）

キューブラー・ロス考案のモデルをもとに筆者作成

第１段階	第２段階	第３段階	第４段階	第５段階
否認と孤立	怒り	取り引き	抑うつ	受容

ト)」が作成されています。エンディングノートは、近年では、書店でもさまざまな形態のものが販売されるようになり、身近なものになりました。今は、個人の自由度が高まり、どのように過ごすか・生きるかを選択できる時代です。よりよい人生を送れるように一人ひとりが自分の人生について考える機会をもつことはもちろん大切ですが、そうした個人の選択を実現できるような社会のあり方を模索していくことも人生100年時代には重要です。

● 引用文献

国立社会保障・人口問題研究所（2017）現代日本の結婚と出産：第15回出生動向基本調査（独身者調査ならびに夫婦調査）報告書

国立社会保障・人口問題研究所（2020）2018年社会保障・人口問題基本調査 第６回全国家庭動向調査報告書
http://www.ipss.go.jp/ps-katei/j/NSFJ6/Mhoukoku/Mhoukoku.asp （閲覧日 2020年12月１日）

厚生労働省（2016）平成28年版厚生労働白書

厚生労働省（2018）公的介護保険制度の現状と今後の役割（平成30年度）

厚生労働省政策統括官（2018）平成30年我が国の人口動態：平成28年までの動向
https://www.mhlw.go.jp/toukei/list/dl/81-1a2.pdf （閲覧日 2020年12月１日）

厚生労働省　児童虐待死亡事例の検証と今後の虐待防止対策について（2004年２月27日）
https://www.mhlw.go.jp/bunya/kodomo/dv-01.html （閲覧日 2020年10月５日）

厚生労働省　雇用形態に関わらない公正な待遇の確保（2019年１月29日）

内閣府（2019）令和元年版高齢社会白書
https://www8.cao.go.jp/kourei/whitepaper/w2019/html/zenbun/s1_1_1.html （閲覧日 2020年10月５日）

内閣府男女共同参画局（2016）育児と介護のダブルケアの実態に関する調査（ポイント）

内閣府政策統括官（2015）結婚・家族形成に関する意識調査 報告書
https://www.mhlw.go.jp/content/000474490.pdf （閲覧日 2021年１月24日）

文部科学省（2019）令和元年度学校基本調査 調査結果
https://www.mext.go.jp/content/20191220-mxt_chousa01-000003400_1.pdf （閲覧日 2020年10月５日）

p46、48マンガ：西内由依乃

コラム1

学校で出会う不登校の相談を通して思うこと

北濱雅子（公認心理師・臨床心理士）

「不登校」とひとことで言ってもさまざまな年齢のさまざまな子どもの姿があり、それぞれの子どもにはそれを取り巻く家族や教師の姿があります。

ある中学校でのある日の勤務日のことでした。女子生徒が学校に行かなくなったので話を聴いてほしい、という担任の先生からの依頼をきっかけにして、２学期を迎えた中学２年生女子Ａ子さんの母親との相談が、２週間に一度続いていくことになります。三世代で生活をしていらっしゃるご家庭でしたが、Ａ子さんは登校をすすめる父親とも祖父母とも会おうとせず、しばらくの間は、コミュニケーションをとるのは母親だけという状況でした。

相談の初めの頃は、Ａ子さんの家での様子や、やりとりについての内容が多く、母親がどのようにＡ子さんに関わったらいいのかということについての助言を求めるものが多かったように思います。そうするうちに、母親がＡ子さんと他の家族とのやりとりを仲介するようになってきたので、結果的に母親自身が祖父母や夫とコミュニケーションをもつことが増えていきました。母親の相談内容は、次第に子どもに関わることではなく、母親自身が夫や祖父母とどのように関わっていくかというものになりました。母親はＡ子さんの思いを夫や祖父母に積極的に伝えるようになり、祖父母や夫もＡ子さんが家で過ごすことに協力するようになりました。学年が変わる頃に母親は時間を調整しながら外に仕事に行くようになり、家にいるＡ子さんに家事を少しずつ頼んだりするようになりました。家庭内でのＡ子さんの動きも柔軟になっていきました。

３年生の２学期になると、高校受験を意識したＡ子さんは、少しの時間から登校を始め、学期後半からは全日学校にいることができるようになりました。スクールカウンセラーと母親の面談は、回数を減らしながらもＡ子さんの卒業まで継続しました。

母親自身の優しそうではあるけれど少し自信のなさそうな印象が、相談の途中からは、優しさはそのままに、穏やかで落ち着いたものに変化していく様子が印象的でした。結局、私自身はＡ子さんには会わずじまいでした。担任の先生が家庭訪問を行いA子さんと話をしており、母親はそれに対してもありがたかったと話していました。

相談の回数を重ねて起こってくる母親の変化は、この方だけではなく、不登校に関する多くの親面接を行う際に見られるように感じます。カウンセラーである私自身は、母親の「A子はなぜ学校に行かないのだろう？」という一番初めの問いかけが、「A子はこんな気持ちだったんだ」「（母親である）自分はこんなふうに生きていきたいかも……」といったつぶやきに変化していく様子を、母親の味方になって聴いていきました。

こうした母親面接の流れを振り返ってみると、不登校を経て子どももちろん成長しているのですが、子どもの成長を見守る母親がより主体的に変化し、また成長しているように感じます。不登校はさまざまな要因が重なり合って生じるものです。確かに、学校に行かない、行けないということは、子どもと家族にとっては大変な困りごととなるわけですが、子ども（生徒）と親、あるいは学校など、どれが原因というようにはっきりと決めつけられるものではなく、再度子どもの中に学校に向く気持ちが出てくるまでに、子どもも家族もお互いが少しずつ変化し影響し合いながら、成長していくのではないかと考えます。ここでは、母親だけでなく、父親、同居している祖父母にも、そうした変化が生じたように感じます。

カウンセラーとして話を聴いていると、家族のお互いがおよぼし合う影響とその成長を垣間見る瞬間に出会うことがあります。誰しも、人生の中では困ったことに遭遇します。親であれば、子どものことに悩むことは多々あるでしょう。その中で、子どもだけでなく家族としての保護者の話をその方の味方になって丁寧に聴くことがカウンセラーの役割なのかなと思っています。今はスクールカウンセリングとして、学校にも相談機能があります。子どもの成長を見すえながら、家族も含めて見守ることができたらいいなと感じています。

※ここで紹介した内容は、複数の事例の中で生じたことをまとめています。

§考えてみよう

第１章

乳幼児期〜学童期までの自身の経験（遊び、おもちゃ、食事、習い事、流行りなど）を思い出して、書いてみましょう。

第２章

アイデンティティを形成する上で、大切だと思う経験や関わる人について考え、グループで話し合いましょう。

第３章

あなたは65歳を過ぎてからどのように生活し過ごしたいですか。自分の人生設計図を描いてみましょう。その際、身体的側面や経済的側面についても考え、記入しましょう。

かっこいいもいろいろ

おたがいさま

第 II 部
家族・家庭の理解

第4章

子育て環境の社会的変化

照井裕子

この章では戦後日本における社会の変動と、それにともなう家族や子育てをとりまく環境の変化について概観します。子育て環境をとりまく時代的な変化をふまえ現代の子育て環境がかかえている課題について考えてみましょう。

第1節 世帯人数から見た戦後日本の家族の変遷

本節では、世帯人数に着目し、戦後日本の家族の変遷をとらえる糸口をつかみたいと思います。世帯とは、「住居及び生計を共にする者の集まり又は独立して住居を維持し、若しくは独立して生計を営む単身者」であり、世帯人数は各世帯に属する人数を指します。

2019年実施の国民生活基礎調査（厚生労働省）によれば、平均世帯人数は1953年の5.00人から2016年には半分以下の2.47人、2019年は2.39人と減少の一途です。世帯人数の年次変化（**図4．1**）から、戦後日本の世帯状況は三つの時期に区切ることができるでしょう。第1期は戦後～1965年頃の6人以上の世帯が最も多い時期です。戦後の復興期であり高度経済成長の前半期に当たります。そして1965年以降4人世帯が最も多くなり1992年までそれが続いています。この第2期は高度経済成長の後半期からバブル経済の盛り上がりとその

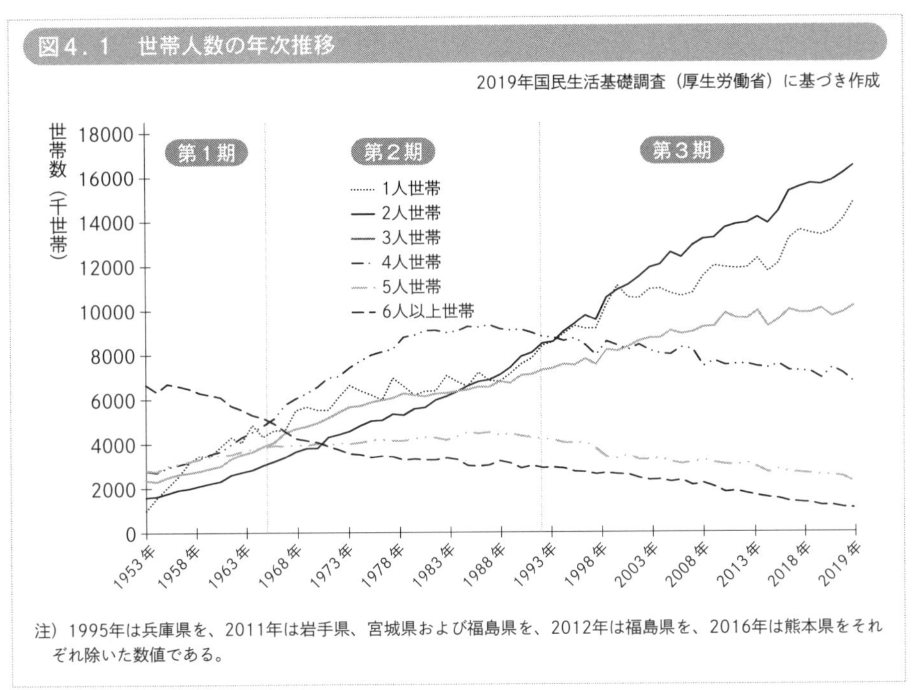

図4．1　世帯人数の年次推移

注）1995年は兵庫県を、2011年は岩手県、宮城県および福島県を、2012年は福島県を、2016年は熊本県をそれぞれ除いた数値である。

終焉を経た時期に当たります。そしてそれ以降現在まで続く第３期は、２人世帯が最も多くなっています。２人世帯と合わせて１人世帯もこの間急増しています。金融危機やＩＴバブル崩壊、リーマンショックなど、繰り返す不況は人々の生活に大きな影響をおよぼしました。そして2020年に発現した新型コロナウイルス感染症は人々の生活様式に大きな影響を与え、働き方や家族での時間の過ごし方の変化を生じさせました。経済的影響も深刻な状況にあります。

以下では上で示した第１期から第３期まで順に追って各時期における家族のあり方やそれにともなう子育ての特徴について確認していきます。

第２節　第１期：大家族と地域社会における子育ての時代

第１期は第二次世界大戦後の復興から高度経済成長期の前半に当たります。総務省による国勢調査（2017）からこの時代の産業別就業者数構成割合の推移について以下で確認してみましょう。1950年は第１次産業（農林漁業）が48.6％を占め、第２次産業（鉱業、採石業、砂利採取業、建設業および製造業）は21.8％、第３次産業（卸売業、小売業、医療、福祉、宿泊業、飲食サービス業など）は29.7％でした。その後の高度経済成長期において産業構造は変化しました。第１次産業は1965年には24.7％と急速に低下し、第２次産業は31.5％、第３次産業は43.7％へと上昇しました。第１次産業従事者が大幅に減少していますが、現在（2015年では3.5％）に比べるとまだ高い割合で従事者がいた時代です。

第１次産業、特に農業においては人々が共同体として仕事をし、日々の生活を営んでいたことは大きな特徴です。人々は互いに地域資源の維持管理や農業生産面そして日常生活における相互補完や相互扶助をしており、そうした機能をもった地域コミュニティの中で生活をしていました。そして、父親も母親も農業労働に従事しており、子どもの養育は祖母が主に担っていたことが指摘されています（渡辺, 1999)。根ケ山（2012）は、沖縄県多良間島でのフィールドワークから、**アロマザリング**（母親以外の個体による子育て）の担い手が守姉（小学生くらいの女の子が血縁のないもしくは遠縁の親から頼まれその赤ん坊の親代わりとなる風習)、祖母・両親のきょうだい・近所の同世代の母親・きょうだいなど幅広く存在していることを紹介しています。島の生活は運命共同体で、血縁の枠をこえて地域の人々の間で豊かなつきあいが展開されていることも合わせてふれられています（根ケ山, 2012)。時代とともに守姉の風習は薄れつつあるということですが、こうした風習の存在はかつて、子どもたちが地域コミュニティの中で当然のこととして親以外の多くの人と関わりながら育っていたことを私たちに教えてくれます。

第１期はこのような拡大家族の中で親以外が主な子育ての担い手になったり、地域コミュニティの中で複数の人々による養育が珍しくなかった時代といえます。大人にとってはともに子どもを育てることが、子どもにとってはともに育つことがある意味当然のこととしてとらえられていたと考えられます。

§考えてみよう――戦後の復興から高度経済成長期前半の時代が描かれている映画（「ALWAYS（続）三丁目の夕日」など）を視聴し、当時と現代の子育てや家族関係の違いなどについてグループで話し合ってみましょう。

第３節　第２期：高度経済成長期における産業構造の変化

1）都市部への人口の集中と家庭内での性別役割分業

高度経済成長期を通じて人口は都市部に集中することになりました。その背景の一つとして地方の中学校を卒業したての若者の都市部における集団就職があります。若者たちは金の卵とよばれ、都市部での貴重な労働力となりました。この若者たちによる労働に支えられ、日本は高度経済成長の道を進んでいったわけです。第２期の産業別就業者数構成割合の推移（総務省統計局, 2017）を確認すると、第１次産業がさらに減少し、その代わりに第２次産業および第３次産業が増加しています。

第１次産業中心の時代には仕事と生活の場がいわば同じで、大家族の中で労働力となり得る年齢の者は皆で仕事にたずさわるという生活スタイルであったわけですが、第３次産業が中心となったこの時代においては仕事の場と生活の場は分断され切り離されることになりました。このことにより父親が職場に出かけ、母親が家庭の中で家事や育児を引き受けるといういわゆる**性別役割分業**が家庭において取り入れられるようになりました。

2）子育てにおける「神話」の浸透

家庭における性別役割分業が一般化する中で同時に、いわゆる「母性愛神話」や「**３歳児神話**」といわれるものが人々に浸透しました。これらの「神話」に基づいた「子どもが３歳になるまでは母親は育児に専念すべき」という考えは1970年代頃に隆盛を迎えたといわれます（宮坂, 1999）。1950年代以降妊産婦死亡率そして子どもの周産期死亡率も大幅に改善されました（母子衛生研究会, 2011）。これらの「神話」が浸透しそれにしたがい人々が子育てを行う前提条件には、子どもが３歳以前に母親が死ぬこともなく、子どももまた３歳以後まで生き延びること、そして生活費は夫が稼ぎ、妻は育児に専念できることがあったといえます（田間, 2006）。

またこれらの「神話」に最も影響を与えた理論としてはＪ．ボウルビィによる**愛着理論**があげられます。子どもの発達初期における特定の他者との**情緒的絆（愛着）**の形成が発達上不可欠であるとしたこの説は、わが国においては、政府を通じて国民に広められ、人々の間に広く信じられることになりました。なお、1998年には厚生白書（厚生省, 1998）の中で、３歳児神話には合理的な根拠がないという説が取り上げられ明記されています。

3）母親による子育てと地域

ここまで見てきたように、この時代はことさら母親の手による子育てが重視された時代です。特に都市部においては生活における「共同体」としての地域のつながりが乏しい中、母親たちは子育てをすべて引き受け、責任を引き受ける状況に立たされていました。子育て期の女性が離職することにより生じる年齢階級別労働力率のＭ字カーブですが、1975年にはそのカーブの底が最も深くなっています（**図４．２**）。多くの女性たちがいわゆる専業主婦として家事・育

図４．２　女性の年齢階級別労働力率の推移

労働力調査長期時系列データ（総務省）より作成

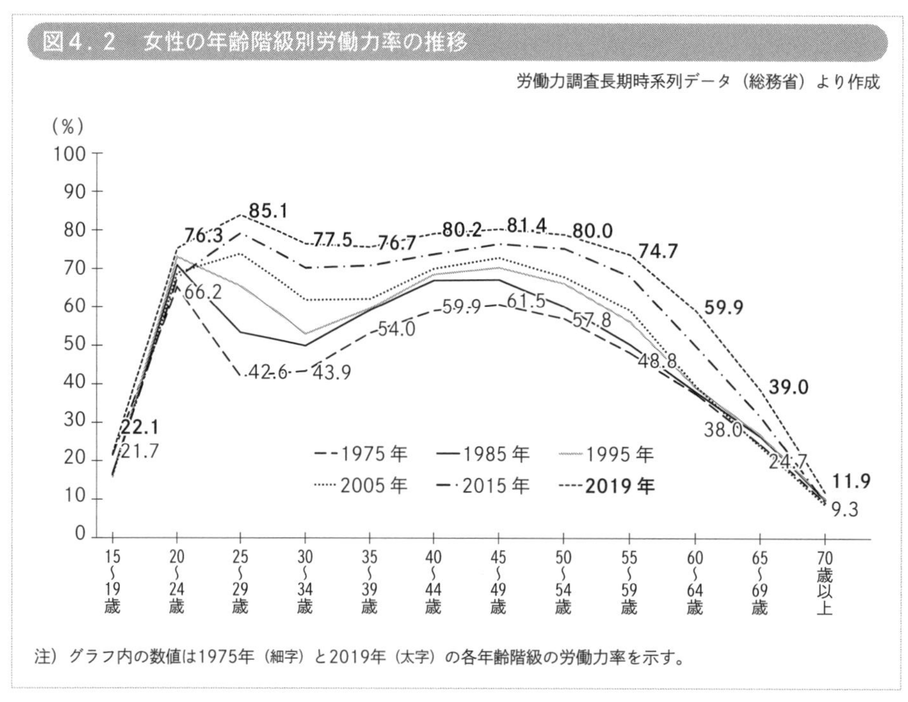

注）グラフ内の数値は1975年（細字）と2019年（太字）の各年齢階級の労働力率を示す。

児を担っていたことがわかります。1970年頃から“母子心中”が増えていますが、地域とのつながりのないまま母親に求められる子育てのプレッシャーはその背景要因の一つとして大きなものと考えられるでしょう。

育児ノイローゼや母子心中といったトピックは、母親の育児をめぐる悩みや疲れ、あるいは母親の精神衛生という点についての論議もよびました。それと同時に1970年代に大都市およびその周辺において母親たちにより自主的に子育てサークルがつくられるようになり、80年代を通じて全国的に広がりをみせています（木脇, 1998）。地域や人とのつながりを母親自らが求め模索しながら場合によっては自助的なネットワークを形成し子育てをしていた時代でもあったわけです。

第４節　第３期：家族の矮小化・最小化の時代へ

１）少子化の進行と家族の規模・形態の変化

1980年代は少子化が進行した時代ともいわれます。特に1989年の合計特殊出生率1.57という数字は当時過去最低の数値を記録し衝撃的な出来事とされました。いわゆる1.57ショックです。これを契機として、政府は少子化対策としてさまざまな政策を打ち出します。1994年のエンゼルプランの施行以降さまざまな施策が打ち出されています。しかし、2003年および2004年には超少子化水準（1.30）を下まわる合計特殊出生率1.29、2005年には過去最低の1.26となり、少子化はますます進行しました。

はじめに確認したように、第３期では１世帯当たりの同居人数は２人あるいは１人が増加しており、家族の規模がきわめて小さく、家族が矮小化（わいしょうか）し最小化した時代です。子育て家庭の世帯構造の変遷（**図４．３**）を見ても、1995年には26.9％だった三世代世帯は、2019年には13.3％と半減しています。一方、夫婦と未婚の子のみの世帯は65.3％から76.0％、ひとり親と未婚の子のみの世帯は3.8％から6.5％とそれぞれ増加しました。この時代においてもいわゆる**核家**

族化が進み、三世代世帯のような拡大家族が減少していることがわかります。またこれは、家庭内において子どもと関わる大人が減ったことを示すデータでもあります。

2）共働き家庭の増加と性別役割分業

子育て期の女性たちの働き方もこの間に大きく変化しました。乳幼児のいる家庭においても共働き家庭が増加し、1997年には働く夫と無業の妻という家庭数を上まわりその後増加を続けています（**図4．4**）。

性別役割分業は父親が仕事、母親が家事・育児という区切りで分業することを前提としていました。共働き家庭の増加はそうした前提自体をとらえ直し、それぞれの家庭において夫婦の働き方や家事・育児の分担などを見直すことにもつながってきています。「夫は外で働き、妻は家庭を守るべきである」という考え方に反対する人が6割程度（男女共同参画局, 2020）と報告されました。

3）男性の子育てへの関わりと働き方の見直し

少子化問題への対策や労働力の担い手として子育て女性へのサポートの必要性が課題となる中、女性のみが子育てを行うのではなく、男性がより子育てに関わることが求められるようになりました。1998年当時の厚生省は、「育児をしない男を父とは呼ばない」というキャッチフレーズとともに、有名男性タレントが腕に抱いた赤ちゃんを見つめる姿をポスターに起用し、世間において議論をよび起こしました。その後、法整備も進められ、2010年には育児・介護休業法の改正が行われ、同年には厚生労働省によるイクメンプロジェクトなるものも立ち上げられています。このプロジェクトは「イクメン」を「子育てを楽しみ、自分自身も成長する男性のこと、または、将来そんな人生を送ろうと考えている男性のこと」として、社会全体で男性がもっと積極的に育児に関わることができるムーブメントを巻き起こすことがねらいとされています。イクメンという用語は世の中で浸透し、日常的に使用されるようになりましたが、実際父親たちはどのように子育てに関わっているのでしょうか。

社会生活基本調査（総務省統計局, 2017）によれば、6歳未満の子どもをもつ夫の1日の平均育児時間は2006年33分、2011年39分、2016年49分です。対して

図４．３　児童のいる家庭の世帯構造の年次推移

2019年国民生活基礎調査（厚生労働省）に基づき作成

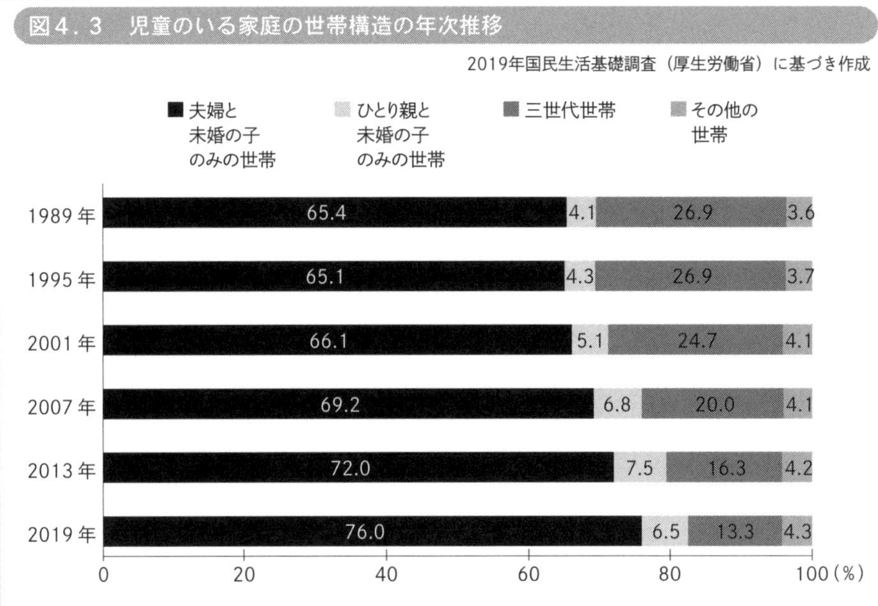

注１）1995年の数値は兵庫県を除いたものである。
注２）「その他の世帯」には「単独世帯」を含む。

図４．４　専業主婦世帯数および共働き世帯数の年次変化

早わかりグラフで見る長期労働統計（労働政策研究・研修機構）より作成

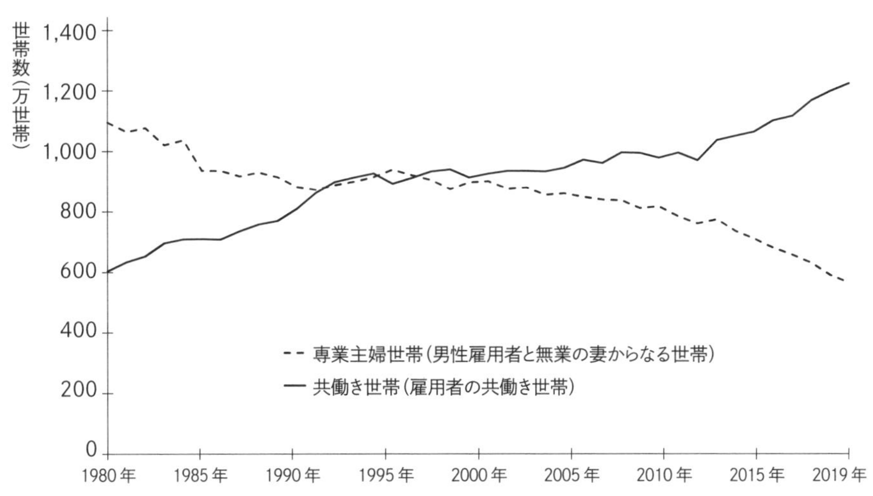

注１）資料出所は厚生労働省「厚生労働白書」、内閣府「男女共同参画白書」、総務省「労働力調査特別調査」（2001年以前）および総務省「労働力調査（詳細集計）」（2002年以降）
注２）「男性雇用者と無業の妻からなる世帯」とは、夫が非農林業雇用者で、妻が非就業者（非労働力人口および完全失業者）の世帯。
注３）「雇用者の共働き世帯」とは、夫婦ともに非農林業雇用者の世帯。
注４）2011年は岩手県、宮城県および福島県を除く全国の結果。
注５）2013年～2016年は、2015年国勢調査基準のベンチマーク人口に基づく時系列用接続数値。

女性の育児時間は2006年で男性の約5.7倍（189分）、2016年においても約4.5倍（225分）とより多くの時間を子育てに費やしていることがわかります。そして、男性は10年間で16分平均育児時間が増加していますが、女性では36分の増加が見られています。つまり、父親たちは劇的に育児時間を増加させたというわけではありません。女性の育児時間が増えている要因としては育児・介護休業法が改正された影響は大きいでしょう。**育児休業**を取得しやすくなったことで女性がより積極的に取得し、その結果平均育児時間が長くなったと考えられます。

育児休業の取得率は女性82.2％に対し、男性6.16％とごく限られています（厚生労働省, 2020）。取得日数は男性では２週間未満の取得者が７割をこえています。女性の育児休業取得状況と比べると取得率でも取得日数でも大きな開きが見られます。男性において「休暇・休業の取得を申請したことはあるが、休暇・休業を取得できなかった（5.5％）」「休暇・休業の取得を希望していたが、休暇・休業を申請しなかった（12.2％）」と男性自身に育児休業などの取得の希望があっても思う通りに取得できない現実も明らかになっており、取得のための社内風土の醸成の必要性なども指摘されています（三菱UFJリサーチ＆コンサルティング, 2019）。

ここまで見てきたように、制度的な整備が進められ、人々の子育てに関する意識的な変化は見られるものの、父親による育児時間や育児休業取得などの実際的なところでは劇的な変化は見られていないのが実情です。近年、労働をめぐっては働き方改革の取り組みや、**ワークライフバランス**の重要性についての指摘がされています。母親のみによる子育てには限界があることを前提とし、父親と母親それぞれにとって子育てしやすい社会がどのように実現されていくのか今後の展開に目を向ける必要があるといえるでしょう。

また、父親や母親がそれぞれ育児にどのように関わるかについては個人の主体的選択である一方で、その結果は個々の家族や個人の生活のあり方にとどまらず社会の変化をうながす可能性も含むものです。第２期で紹介した子育ての資源を積極的に家庭外に求めた母親たちの行動が全国的な育児サークルの展開につながったことなどもその好例と考えられます。**子育て支援**の必要性がうたわれるようになり、支援の受け手となることが多くなったとされる親たちですが、主体的な地域づくりやネットワークづくりをし、自らの子育て環境を整えながら子育てをしている親たちの存在も忘れてはならないでしょう。個人が身のまわりで主体的に起こした変化はその先の自分が生きる環境やさらには次世代の環境を変化させ、そうした変化が生じることにより、より多くの個人の生活や心理を変え得るともいえます。子育てをめぐる社会的状況については今後の展開に目を向けると同時に、次の社会状況をつくるのもまさに今の時代を生きる我々であることについても自覚することが必要なのではないでしょうか。

§考えてみよう──家庭の中での家事や育児にはどのようなものがあるか（お風呂掃除、ごみ捨て、子どもとのかかわりなど）具体的にあげ、性別役割分業がもたらすメリットやデメリットについて考えてみましょう。

引用文献

母子衛生研究会（編）（2011）母子保健の主なる統計, 母子保健事業団

木脇奈智子（1998）子育てネットワークに関する考察：子育てサークルの類型と今日的課題, 家族関係学, 17, pp.13-22

独立行政法人労働政策研究・研修機構　早わかりグラフで見る長期労働統計 専業主婦世帯と共働き世帯
https://www.jil.go.jp/kokunai/statistics/timeseries/html/g0212.html （閲覧日 2020年11月９日）

厚生省（1998）平成10年版厚生白書

厚生労働省（2020）2019年国民生活基礎調査の概況
https://www.mhlw.go.jp/toukei/saikin/hw/k-tyosa/k-tyosa19/index.html （閲覧日 2020年11月９日）

三菱UFJリサーチ＆コンサルティング（2019）平成30年度 仕事と育児等の両立に関する実態把握のための調査研究事業報告書労働者アンケート調査結果
https://www.mhlw.go.jp/content/11900000/000534372.pdf （閲覧日 2020年11月９日）

宮坂靖子（1999）ジェンダー研究と親イメージの変容, 家族社会学研究, 11, pp.37-47

内閣府男女共同参画局（2020）令和２年版男女共同参画白書

根ケ山光一（2012）アロマザリングの島の子どもたち：多良間島子別れフィールドノート, 新曜社

総務省統計局（2017）平成28年社会生活基本調査
http://www.stat.go.jp/data/shakai/2016/kekka.html （閲覧日 2020年11月９日）

総務省統計局（2017）平成27年国勢調査
http://www.stat.go.jp/data/kokusei/2015/kekka.html （閲覧日 2020年11月９日）

総務省統計局　労働力調査長期時系列データ（基本集計）
https://www.stat.go.jp/data/roudou/longtime/03roudou.html （閲覧日 2020年11月９日）

田間泰子（2006）「近代家族」とボディポリティクス, 世界思想社

渡部秀樹（1999）戦後日本の親子関係：養育期の親子関係の質の変遷, 目黒依子・渡辺秀樹（編）講座社会学２ 家族, pp.89-117, 東京大学出版会

第5章 現代家族と子育て

常田美穂

前章では、第二次世界大戦後の復興期から高度経済成長期をへて、世帯人数が減少するとともに地域の人間関係から切り離されて子育てをする家庭が増えてきたことを確認しました。本章では、現代の子育て家庭において実際に育児がどのように行われているか、育児環境や親の心情について概観し、現代の育児実践の特徴について考えます。

第1節 現代家族の育児環境と親の心情

1）地縁・血縁と切り離された子育て

現代の家族形態を表現するものとして、しばしば**核家族**という用語が用いられます。核家族は、親と子どもという最小単位の家族関係によって生活が営まれている状態を指します。こうした生活形態は、歴史的に見ると意外に古く、縄文時代からあったと考えられています（柴崎・安齋, 2005）。しかし、古代の家庭は、形態は核家族であっても、近隣に血筋を同じくする人々がたくさんいて、いわゆる一族を形成している場合がほとんどでした。個々の家族は自立して生活できるわけではなく、村の人々の助けなくしては生きていけない時代だったのです。その意味では、精神的には大家族を形成していたともいえます。それに比べると、現代の核家族は、近隣に家族がいないだけでなく、生活の上でも血縁としての家族を頼らないという点で、古代の核家族とは異なります。また、就職や結婚などによって、生まれ育った土地から遠く離れて生活している場合も多く、地縁・血縁から地理的に完全に孤立している核家族もあります。

全国の地域子育て支援拠点を利用している母親を対象にしたアンケート調査では、利用者の72.1％が自分の育った市区町村以外で子育てをしていました(NPO法人ひろば全国連絡協議会, 2015)。また、自分の育った市区町村以外で子育てをしている母親は、自分の育った市区町村で子育てをしている母親と比べて、「子育てをしている親と知り合いたい」「子育てでつらいと感じる」「家族以外の人と交流する機会があまりない」「子育ての悩みや不安を話せる人がほしい」と感じる割合が高く、「近所で子どもを預かってくれる人がいない」と答えた割合は、自分の育った市区町村で子育てをしている母親の２倍以上でした。自分の生まれ育った土地から離れて子育てをする場合、育児の手助けが得られにくく、母親は孤立感・負担感を感じやすいといえます。核家族という生活形態そのものよりも、地縁・血縁と地理的に離れて、親だけが子どもと向き合わねばならないということが、親の育児不安やストレスにつながっていると考えられます。

2）日本社会に特徴的な育児不安

育児不安は、親であれば誰でもかかえる可能性のある状態だと思っている人も多いですが、実は日本に特徴的な現象で、他国にはあまり見られません（柏木, 2008)。育児不安を強める要因は、情緒不安定などの個人の性格よりも、母親の職業の有無にあるといわれています。無職の母親、つまり専業で子どもの養育役割を担っている母親の方が、フルタイムで働いている母親よりも育児不安が強いのです。柏木（2008）は、こうした現象の背景には、「育児は母の手で」という規範意識が関連していることを指摘しています。女性自身は出産後も働き続けたいと思っていても、本人以上に、周囲とりわけその配偶者である夫や夫の親たちに「育児は母の手で」という考えが強く、夫や夫の親たちから説得されて退職するケースでは育児不安が強いのです。さらに柏木は、この「育児は母の手で」という規範意識が強く存在する背景には、1979年の「家庭基盤充実政策」と「保育基本法」の影響があると指摘しています。そこでは、子どもの保育は主婦の役割とされ、こうした政府の方針と、男性労働者の心の安定の場を家族に期待する企業からの支持によって、「育児は母の手で」という思想は広く日本社会に根づいていきました。

母親がかかえる不安や悩みには、大きく分けて二種類あります。第一は「子どもの行動にイライラする」「子どもの育ちに心配がある」「しつけがうまくいかない」など、子どもに関する不安や悩みです。第二は「母親であるとともに自分の生き方も確立したいとあせる」「以前ほどものごとが楽しめなくなった」「親としての責任に縛られている」「友だちとつきあう機会が少なくなった」など、親としてではない個人の生活や活動から阻害されていることに起因する不安や不満です。育児不安の強い母親では、第一の子どもに関連した悩みよりも、第二の現在の自分に関する心理的ストレスの方がはるかに強くなっていました（柏木, 2008）。つまり、日本社会に特徴的に見られる育児不安は、女性のキャリアや人生設計に関連して生じる現象だと考えられます。

一方、近年は共働き家庭が増加して専業主婦の数は相対的に少なくなりました（第４章参照）。それでもまだ、こうした母親の職業の有無に起因する育児不安は存在しているのでしょうか。ベネッセ教育総合研究所では、幼児をもつ母親を対象に2000年から2015年まで５年ごとに同一の質問項目を用いた子育て意識に関するアンケート調査をしています。それによれば、この15年間で、「子どもがかわいくてたまらないと思う」など子どもへの肯定的感情がわずかに増えた一方で、「子どもが将来うまく育っていくかどうか心配になる」など、子どもの発達に不安を感じる割合が大きく増加していました。また専業主婦では、上記の「子どもが将来うまく育っていくかどうか心配になる」の他、「子どもがわずらわしくていらいらしてしまう」「子どもに八つ当たりしたくなる」「子どものことでどうしたらよいか分からなくなる」「子どもを育てるためにがまんばかりしている」といった育児への否定的感情に関する五つの項目すべてにおいて、「そう思う」と答えた割合が増加していました。一方、有業の母親では、専業主婦の母親よりも割合は少ないものの、特に育児への負担感に関する項目において数値の増加が認められました（**図5.1**、ベネッセ, 2016）。

これらのことから、現代の母親は、子どもをかわいいと思う一方で、子どもの発達への不安が大きく、特に専業主婦の母親では育児への否定的感情が強くなりがちであること、また有業の母親においても育児への負担感が増えてきて

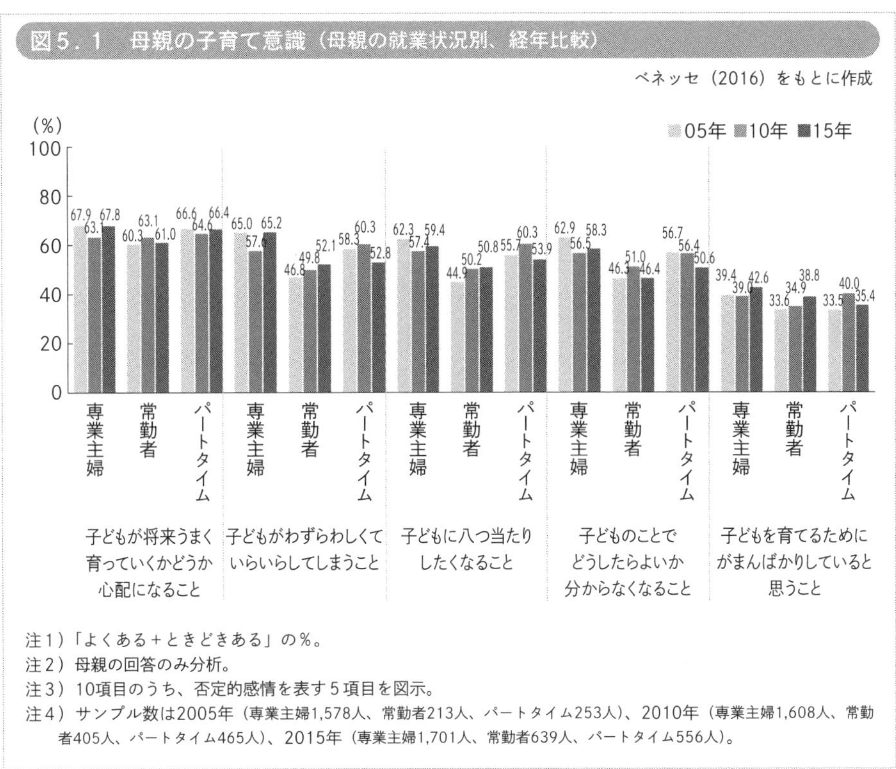

図５．１　母親の子育て意識（母親の就業状況別、経年比較）

注１）「よくある＋ときどきある」の％。
注２）母親の回答のみ分析。
注３）10項目のうち、否定的感情を表す５項目を図示。
注４）サンプル数は2005年（専業主婦1,578人、常勤者213人、パートタイム253人）、2010年（専業主婦1,608人、常勤者405人、パートタイム465人）、2015年（専業主婦1,701人、常勤者639人、パートタイム556人）。

いることがわかります。この15年間で専業主婦と有業の母親の差は縮まりつつあり、現代では職業の有無にかかわらず、母親における育児への負担感が全体的に高まってきているといえるでしょう。

３）さまざまな葛藤をかかえる父親

総務省「平成28年社会生活基本調査」によると、６歳未満の子どもをもつ男性の家事・育児関連時間は、前回調査した2011年と比べて16分増加し83分になりました。その内訳を見ると、家事17分、看護・介護１分、育児49分、買い物16分となっています（総務省統計局, 2017）。男性の家事・育児時間は増加傾向が見られるものの、行動指針における数値目標（150分）には遠くおよびません。また、夫婦の家事・育児関連時間を諸外国と比較すると、妻は他国よりも家事・育児関連時間が長いのに対し、夫はより短くなっています（**図５．２**、内閣府, 2018）。

夫の家事・育児時間は、夫が**育児休業**を取得すると増加する傾向があること

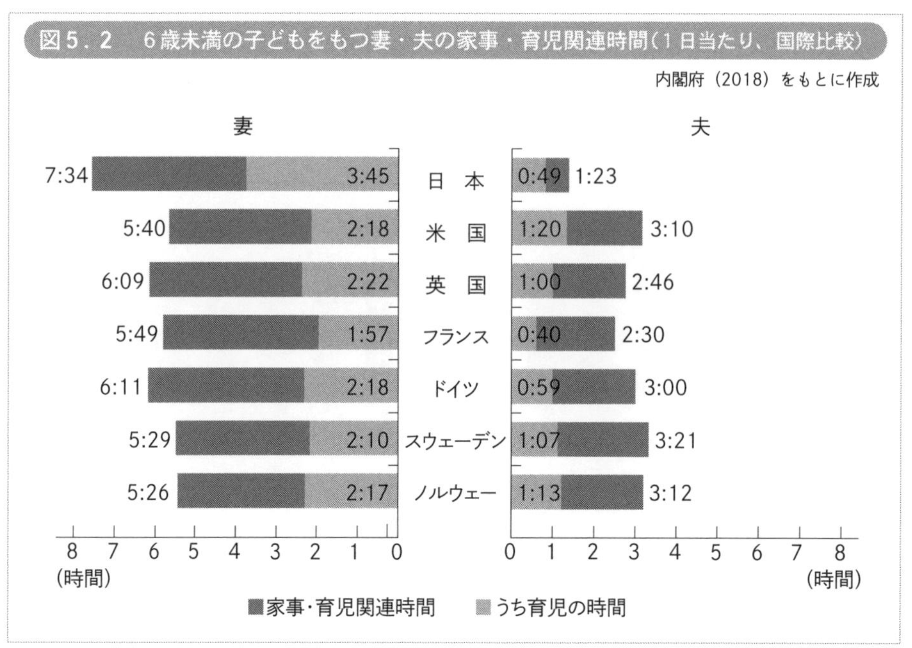

図５．２　６歳未満の子どもをもつ妻・夫の家事・育児関連時間（１日当たり、国際比較）

が報告されていますが（内閣府, 2018）、2018年度の育児休業取得率は、女性が82.2％であるのに対し、男性は6.18％にすぎません（厚生労働省, 2019）。また男性が取得した育児休業期間は、「５日未満」が36.3％、「５日～２週間未満」が35.1％と取得者の７割が２週間未満という結果でした（女性は10か月以上が７割）。日本の父親の家事・育児参加は非常に限定的であるといわざるを得ません。

しかし、こうした社会調査の結果がある一方で、たとえ父親に育児に参加する意志があっても、実際に育児に参加することを妨げる別の要因があることを示唆する研究もあります。佐々木（2018）は、男性の育児時間と労働時間の関係を調べ、労働時間や通勤時間が増加するほど家事・育児時間が有意に減少していたことから、労働時間・通勤時間と家事・育児時間はトレード・オフの関係にあり、男性の労働時間が家事・育児への参画を阻害する要因になっていることを明らかにしました。

また裵（2014）は、**性別役割分業意識**には、「男性は外で働き、女性は家庭を守るべきである」という狭義の性別役割分業意識と、「家族を（経済的に）養うのは男性の役割である」という稼ぎ手役割意識の二つがあることを指摘し、この二つの性別役割分業意識と男性の育児参加との関連を調べました。その結果、狭義の性別役割分業意識と稼ぎ手役割意識の両方に反対する男性が、最も多く育児に参加していました。また、稼ぎ手役割にはこだわるが女性の社会進出や男性の家族役割参加を肯定する（狭義の性別役割分業意識には反対する）男性が次に多く育児に参加していました。そして、狭義の性別役割分業意識と稼ぎ手役割意識の両方を肯定する保守的な性別役割分業意識をもつ男性が最も育児参加率が低くなっていました。このことから裵（2014）は、男性の労働環境を改善するだけでなく、性別役割分業意識も変わらなければ、父親の育児参加は増えないだろうと述べています。

前章でもふれたように2010年に厚生労働省の「イクメンプロジェクト」が開始され以降、「父親の子育て」に注目が集まっていますが、現実には子育てに積極的に関わる父親はまだまだ少数派です。朝日新聞が行った「イクメン」に関するアンケート調査には、次のような意見が寄せられました（朝日新聞, 2019)。「自分は常に帰宅時間を気にして、休日は家庭のために充てているが、上司は『子育ては母親の役割』『男は24時間を仕事に充てられる環境が当たり前』という感覚なので、溝を感じる」「共働きなので、子育ても夫婦分業だと思っているが、世間的には母親が育児をすべきという風潮がまだ強い。『イクメン』という言葉は、仕事で忙しい父親にとっては、仕事も家事もするように迫る負担感のある言葉のように思う」「妻の家事の負担を減らすために自分ができる家事・育児は何かと考え、妻とも話し、朝早めに起きて晩御飯までのしたく、洗濯、風呂掃除、子供の寝かしつけと、毎日息つく暇なく過ごしている。まわりからは『イクメン』と見られているため正直に負担が増えたとは言えず、言葉の呪縛から逃れられない」などです。こうした声からは、仕事と育児の両立に苦労し、さまざまな葛藤をかかえる日本の父親の姿が見えてきます。日本社会では、男性が働きながら家事・育児をすることは、労働環境という点からも社会的意識という点からもまだ難しく、「イクメン」は少数にとどまっているというのが実情のようです。

４）ワークライフバランスと育児の方法

次頁の図は、日本・中国・インドネシア・フィンランド（いずれも都市部）の働く母親の平日の一日をイメージしたものです（ベネッセ, 2019)。日本の働く母親の帰宅時間は18時台がピークで、子どもが寝るまでに（平均就寝時刻は21時）長い人では約４時間と、他国に比べて一人で家事や育児を担う傾向にあ

図5．3　4か国の家族の平日の一日――家事育児を主に誰が担うか

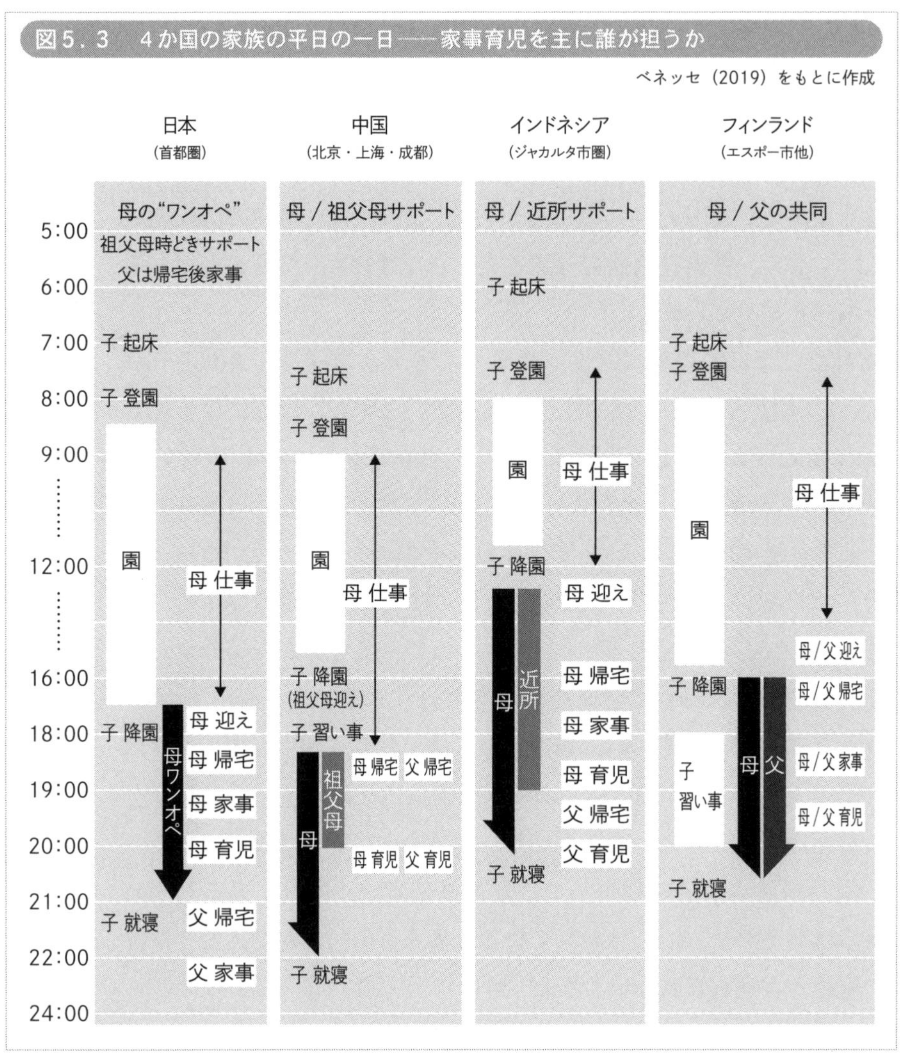

ります。これに対して他の３か国の共働き家庭では、いずれも母親だけでなくまわりの人が協力して子どもの世話をしています。中国では、母親の帰宅時間は日本と同じく18時台がピークですが、約６割の家庭で祖父母からの育児・家事への強力なサポートがあり、祖母との同居率も５割をこえています。インドネシアでは、女性が育児・家事をする役割観があるものの、近隣のコミュニティでの絆が他国に比べて強く、大変なときにはご近所に助けを求めることができます。一方、フィンランドでは、母親・父親の帰宅はともに16時台がピークで、育児・家事を夫婦で平等に行っています。これらの国の育児の方法をひとことで表すと、中国は「血縁による育児」、インドネシアは「地縁によ

る育児」、フィンランドは「夫婦が協力する育児」、そして日本は「母親のみが負担する育児」といえそうです。また、これら4か国の母親を対象に仕事と家庭生活のバランスに満足しているかをたずねたところ、「満足している」と答えた母親の割合は、中国75.4%、インドネシア93.8%、フィンランド68.4%、日本は44.3%でした（**図5．3**、ベネッセ, 2019）。

日本では、近年、第一子出産後も仕事を続ける割合が上昇してきており、2015年の調査ではじめて出産後の就業継続率が退職率を上まわりました（国立社会保障・人口問題研究所, 2017）。働きながら子育てをすることが当たり前になってきている一方で、母親一人に子育ての負担がかかっています。政府主導で父親の育児参加がうながされてはいますが、上にも述べたように、実際には父親が育児に参加したくてもできないというのが現実です。母親のワークライフバランスの満足度が他国と比べて低いのは、このような育児環境によるものと考えられます。

第2節　現代日本の育児実践

ここまでは、現代日本社会で子育てをしている父親・母親がどのような環境に置かれているのか、またその中でどのような思いをかかえているのかについて見てきました。ここからは、そのような親たちの育児実践の特徴について見ていきたいと思います。

1）少子化時代の子育て

先に、現代の子育て家族の多くは、親と子どもという最小単位の家族関係（**核家族**）で生活しているだけでなく、地縁・血縁とも地理的に離れて、他者とのつながりがない中で子育てをしていると述べました。こうした子育て環境は、最近だけの特徴ではなく、高度経済成長期の1960年代から現在まで、世代にしてすでに三世代以上続く傾向です（第4章参照）。

核家族で育つということは、自分の親以外の世代の違う人と生活をともにする機会が少ないことを意味します。たとえば、普段は核家族で生活していても、年に数回は親類一同が集まるといった親戚づきあいがあれば、子どもは自分の親よりも少し年下の叔父さんや叔母さんが自分よりも小さい赤ちゃんを世話している様子を間近に見ることができます。しかし、少子化が進んだ現代では、そのような大規模な親戚関係は珍しくなりました。また、となり近所との交流がきわめて少なくなった昨今では、たとえ近所に小さな子どもが住んでいたとしても、その子どもと遊ぶこともなければ、その子どもがオムツを替えてもらっている様子や風呂に入れてもらっている様子を見ることもありません。つまり、核家族で育つということは、自分より小さな子どもと接する経験が得られにくい、そして世代をこえて子育ての知識が伝わりにくいということなのです。

小さな子どもに接する経験がないまま親になった人は、「誰に教わったわけでもないけれど、何となく知っている子育ての知識ややり方」というものをほとんどもっていないので、育児の一つひとつに対して、どうしたらよいのかわからなくて悩んでしまいます。母乳やミルクの与え方、オムツの替え方、沐浴のさせ方などは、出産した産院や自治体で開催されるパパママ教室などで教えてもらえますが、その後も子どもの成長に合わせて課題がいくつも出てきます。たとえば離乳食の食べさせ方や、生活リズムのつくり方、トイレットトレーニングの方法など、間近に見たことがあれば自然にできるはずのことがわからないので、そのつど誰かに聞いたり調べたりしなければなりません。

現代の親たちの育児に関する主な情報源はインターネットです（ベネッセ, 2011)。インターネットで手軽に情報が得られることは便利である反面、他者とのつながりがなくても子育てすることを可能にしてしまうため、育児の孤立化を進める要因にもなっています。親たちが聞きたいことは、本当にささいなことです。「ミルクを飲んだ後ゲップをさせたいけど、なかなか出ない。どのくらいトントンし続けたらいい？」「最初はトイレに喜んで行っていたけど、最近は誘ってもイヤって言って行きたがらない。トイレットトレーニングをちょっと休んでもいい？」……重大な問題でないことは親もわかっているので、市町村などで開設している子育て相談の窓口にあえて電話をかけて聞くほどではない。そんなときインターネットはとても便利です。すばやく疑問に答えてくれますし、わざわざ出かけていったり、電話をかけたりといったわずらわしさもありません。けれども、そんなふうにして育児を進めていくうちに、今日も誰とも話さなかったという日々が積み重なっていきます。そして「本当にこれでいいのかな」という不安が少しずつ大きくなっていくのです。

2）ゲーム化する子育て

インターネット検索で得られる育児情報は、上にあげたような質問や疑問に対する答えとして出てくるものであり、網羅的・体系的な記述にはなっていません。親は、たとえば、泣きやまない、寝ない、食べないなど、子どもが自分の予想していた通りの行動をしないときに、「どうしたらいいのだろう？」と思い、インターネットで対応方法を調べます。回答を得たら、その通りに実行してみて、子どもが泣きやんだり、寝てくれたり、食べてくれたりしたら、ひと安心です。この場合、親にとって子どもの行動は、自分の行動への反応・答えにすぎません。

また昨今では、インターネットだけでなく、育児雑誌や自治体で配布される親向けの冊子など、さまざまな媒体に「標準的な子どもの発達」についての情報が載っています。このような情報は、親にとっては子育てにおける目安になると同時に、我が子がよく育っているかどうかを評価する基準にもなります。子どもがある基準に達していれば安心ですが、基準に達していなければ、自分の関わりが悪いのではと不安になるのです。この場合もやはり、子どもの行動は親である自分の関わりへの反応・答えです。親が毎日正しい関わりをすると、何歳で○○という基準をクリアできる……こうなると、子育てはまるで「ゲーム」のようです。

もちろん、現代の親たちがゲーム感覚・遊び感覚で子育てをしているというわけではありません。むしろ「子どもをよりよく育てる」という親としての責任をまじめに果たそうとしているのです。しかし、少子化時代の核家族で育ってきて、小さな子どもと接した経験がないため、よりよく育てるときの「モデル」となる子どもの姿や子どもの発達が親自身の中にありません。そのため、さまざまな媒体から得られる「標準的な子どもの発達」を目標にして、それを子どもが「できる」ように追い立てる関わりをしてしまいがちです。さらに、インターネット検索に頼ることで、本来は長い発達的経過の一部として見るべき現在の子どもの姿を「一つの行動」に断片化してとらえてしまい、毎日の繰り返しの中で子どもが学んでいく姿を理解するのが難しくなっています。

事例　「見せない方がいいんですよね」

発達相談に来た１歳６か月の男児のお母さん。子どもの食べる意欲が低く、毎回食べさせるのに苦労しています。ご飯だよとよんでも来ないし、イスに座らせてもすぐに飽きてイスから降りて遊びに行ってしまいます。でも、お母さんとしては、どうしても一定の量を食べてほしいので、最近は子どもに動画を見せながら食事をさせているといいます。子どもは動画に夢中で、じっとイスに座っていてくれます。「そのすきに口の中に入れると食べてくれるんです。でも、動画をずっと見せるのってよくないんですよね？」というのがお母さんの質問でした。

さまざまな問題をかかえている親子ですが、この話を聞いた筆者にはお母さんの気持ちがよくわかりました。子どもをメディア依存にさせないために視聴時間を制限しましょうというのはよくいわれることです。ですから、このお母さんも動画を（しかも食事中に）見せるのはよくないことだと理解しています。しかしその一方で、子どもに食事をさせないわけにはいかない。どうにかうろうろ歩きまわらずにじっとイスに座って食べてほしい。そこでお母さんは考えたのです。「子どもが一番じっとしているのは動画を見ているときだ。試しに（テレビを見ながら食事をする感覚で）動画を見せながら食事をしてみたところ、うまくいった。けれど、これでいいのかな？　きっとよくない。でも、どうしたらいいのだろう？」…と、悩みに悩んで発達相談に来てくれたのです。

まず、食事は必ず一定量食べなければならないわけではありません。子どもによって適量は異なりますし、同じ子どもでも季節やその日の活動量、食べる場所や食べるときの雰囲気によって食べる量が変わります。また、食事はそれだけで独立しているわけでなく、寝る・運動する・遊ぶという活動とつながっています。ぐっすり眠ってすっきり目覚め、しっかり全身を動かして遊ぶ充実した時間があった後に食事が来ることで、食べる意欲が生まれます。しかし、このようなことを一体誰が教えてくれるのでしょうか。インターネット検索では答えは出てきません。

現代の親には、現代の子育て家庭が置かれた状況を理解し、育児実践の伴走をしてくれる誰かが必要です。地縁・血縁と離れて子育てをする親にとって、その伴走者は、子どもが通う保育所・幼稚園・こども園、そして地域子育て支援拠点で出会う保育者・子育て支援者でしょう。育児の一つひとつにつまずきとまどっている親たちに寄り添い、ハウツーの子育て技術にとどまらない、子どもってこういうものだよという「モデル」を示してくれる人が今、求められています。

§考えてみよう――もし将来保育者や子育て支援者になり、育児の方法について悩んでいる保護者に出会ったとき、あなたはどのようにかかわろうとするか考え、グループで話し合ってみましょう。

●引用文献

朝日新聞 「イクメン」どう思う？子育てに横たわるモヤモヤとは（2019年10月13日付 記事）
https://www.asahi.com/articles/ASMB86SQRMB8UPQJ01C.html （閲覧日 2021年２月18日）

ベネッセ（2011）第２回妊娠出産子育て基本調査（横断調査）報告書
https://berd.benesse.jp/jisedai/research/detail1.php?id=3316 （閲覧日 2021年２月18日）

ベネッセ（2016）第５回幼児の生活アンケート　レポート（2016）
https://berd.benesse.jp/jisedai/research/detail1.php?id=4949 （閲覧日 2021年２月18日）

ベネッセ（2019）日本の働く母親は“ワンオペ”で大変?!：４か国比較で見えたワークライフバランス向上のカギとは
https://www.benesse.co.jp/brand/category/lifestyle/20190905_1/ （閲覧日 2021年２月18日）

柏木惠子（2008）子どもが育つ条件：家族心理学から考える, 岩波書店

国立社会保障・人口問題研究所（2017）現代日本の結婚と出産：第15回出生動向基本調査（独身者調査ならびに夫婦調査）報告書（全体版）
http://www.ipss.go.jp/ps-doukou/j/doukou15/NFS15_reportALL.pdf

厚生労働省（2019）「平成30年度雇用均等基本調査」の結果概要
https://www.mhlw.go.jp/toukei/list/dl/71-30r/07.pdf （閲覧日 2021年２月18日）

内閣府（2018）共同参画 平成30年５月号
http://www.gender.go.jp/public/kyodosankaku/2018/201805/pdf/201805.pdf （閲覧日 2021年２月18日）

NPO法人ひろば全国連絡協議会（2015）地域子育て支援拠点事業に関する調査 2015概要版
https://kosodatehiroba.com/new_files/pdf/away-ikuji.pdf

裵智恵（2014）性別役割分業意識の多元性と男性育児参加, 渡辺秀樹・竹ノ下弘久（編）越境する家族社会学, pp.20-36, 学文社

佐々木昇一（2018）ワーク・ライブ・バランス時代における男性の家事育児時間の規定要因等に関する実証分析, 生活経済学研究, 47, pp.47-66

柴崎正行・安齋智子（2005）歴史からみる日本の子育て, フレーベル館

総務省統計局（2017）平成28年社会生活基本調査
https://www.stat.go.jp/data/shakai/2016/pdf/gaiyou2.pdf （閲覧日 2021年２月18日）

第6章 多様な子育て家庭

北川裕美子

今日ではさまざまな家庭が存在しており、その中で形づくられる人間関係もまた多様です。この章では、ひとり親家庭やステップファミリー、外国にルーツをもつ家庭、育児サポート環境のない家庭、LGBTファミリーなど、多様な子育て家庭の現状と課題、支援体制などについて取り上げています。そして、多様な子育て環境にある家庭が安全に暮らしていくためにはどのようなサポートが必要か考えていきたいと思います。

第1節 ひとり親家庭

1）ひとり親家庭の現状

ひとり親家庭とは、母子世帯・父子世帯、養育者世帯の総称のことをいいます。厚生労働省は、それぞれの世帯を以下のように定義しています。

母子世帯　：「父のいない児童（満20歳未満の子どもであって、未婚のもの）がその母によって養育されている世帯」
父子世帯　：「母のいない児童がその父によって養育されている世帯」
養育者世帯：「父母ともにいない児童が養育者（祖父母等）に養育されてい

る世帯」

「2016年度全国ひとり親世帯等調査」(厚生労働省)によれば、母子以外の同居者がいる世帯を含めた全体の母子世帯数は約123万2000世帯、父子世帯数は約18万7000世帯でした。また、ひとり親になった理由としては、離婚が最も多く、母子世帯では全体の79.5%、父子世帯では75.6%でした。さらに、ひとり親世帯の就労状況については、母子世帯の81.8%が就業しており、「正規の職員・従業員」が44.2%、「パート・アルバイト等」が43.8%(「派遣社員」を含むと48.4%)と、一般の女性労働者と同様に非正規の割合が高いことがわかっています。より収入の高い就業を可能にするための支援が必要だといえます。

2)ひとり親家庭に対する支援および施策の動き

ひとり親家庭の子育て・生活支援関係として以下のような事業や制度があげられます。

① 母子・父子自立支援員による相談支援

ひとり親家庭および寡婦(かふ)に対し、生活一般についての相談指導や母子父子寡婦福祉資金に関する相談・指導を行う。

② ひとり親家庭等日常生活支援事業

修学や疾病などにより家事援助、保育等のサービスが必要となった際に、家庭生活支援員の派遣等を行う。

③ ひとり親家庭等生活向上事業

・相談支援事業:ひとり親家庭などが直面するさまざまな課題に対応するために相談支援を行う。

・家計管理・生活支援講習会等事業:家計管理、子どものしつけ・育児や健康管理などのさまざまな支援に関する講習会を開催する。

・学習支援事業:高等学校卒業程度認定試験の合格のために民間事業者などが実施する対策講座を受講している親などに対して、補習や学習の進め方の助言などを実施する。

・情報交換事業:ひとり親家庭が定期的に集い、お互いの悩みを相談し合う場を設ける。

・子どもの生活・学習支援事業：ひとり親家庭の子どもに対し、放課後児童クラブなどの終了後に基本的な生活習慣の習得支援、学習支援や食事の提供などを行い、ひとり親家庭の子どもの生活の向上を図る。

④ ひとり親家庭等医療費助成制度

18歳に達する日以後の最初の３月31日（児童に一定の障害がある場合は20歳未満）までの児童がいるひとり親家庭およびひとり親家庭に準ずる家庭（両親がいない児童を養育している養育者）に対して、保険診療の自己負担分の全部または一部を助成する。なお、ひとり親家庭などで所得が限度額以上の者、生活保護を受給している者、児童が児童福祉施設などに入所している者は対象外。

⑤ 母子家庭自立支援給付金及び父子家庭自立支援給付金事業

・自立支援教育訓練給付金：母子家庭の母または父子家庭の父の主体的な能力開発の取り組みを支援するもので、対象教育訓練を受講し、修了した場合にその経費の60％が支給される。

・高等職業訓練促進給付金等事業：母子家庭の母または父子家庭の父が看護師や介護福祉士などの資格取得のため、１年以上養成機関で修業する場合に、修業期間中の生活の負担軽減のために、高等職業訓練促進給付金が支給されるとともに、入学時の負担軽減のため、高等職業訓練修了支援給付金が支給される。

国は、ひとり親家庭などをとりまく厳しい状況に対応するため、子育て・生活支援策、就業支援策、養育費の確保策、経済的支援策の４本柱で総合的なひとり親家庭の自立支援策を推進してきました。たとえば、2019年度には、ひとり親家庭など生活向上事業の拡充として、地域の民間団体の活用などによるひとり親家庭などの継続的な見守り支援などを実施したり、自立支援教育訓練給付金の拡充として、専門資格の取得を目的とする講座を追加するなどしています。

また、2020年度からは、母子父子寡婦福祉資金貸付金を拡充し、ひとり親家庭の子どもが大学などに就学しやすい環境を整えるため、就学支度資金や修学資金に受験料や修学期間中の生活費などを加えるなどしています。

3）母子家庭･父子家庭それぞれ特有の課題とそれに関わる支援

正規雇用の減少、非正規雇用の増加といった労働環境の変化や、職場における子育てへの理解不足から生じる子育てと労働の両立の難しさなど、社会・経済構造上の課題があるにもかかわらず、経済的に困窮するひとり親家庭に対して、「離婚した親が悪い」という風潮もまだ払拭されているとはいいがたいのが現状であるといえます。

一方で、父子家庭の数は、母子家庭と比べて圧倒的に少なく、父親たちは同じ父子家庭同士でつながりをもつ機会がほとんどない状況にあるといわれています。また、浅沼（2020）が父子家庭の父親にインタビュー調査を実施した結果、父子家庭への効果的な社会的支援を考える際には、母子家庭と同様に経済的支援を念頭に置き施策を実施することに加え、長時間労働を基底とした就業継続環境の改善が望まれることが示唆されています。

「2016年度全国ひとり親世帯等調査」（厚生労働省）によれば、子どもについての悩みの内容について、母子世帯、父子世帯ともに、「教育・進学」が最も多く、次いで「しつけ」となっています。ただし、このことは、ひとり親家庭だけの特徴とはいえないでしょう。

ふたり親家庭において、子どもが影響を受ける親は２人いるのに対し、ひとり親家庭では１人であり、同居親の影響が大きくなることが想定されるかもしれません。ところが、志田（2015）による調査からは、同居親以外のつながりをもち、さまざまなネットワークから情報や経済面などのサポートを手に入れることによって、交友関係、学業、余暇活動、将来展望に肯定的な影響を受けているひとり親の子どもの姿が示されたのです。

上記に説明したひとり親家庭に向けたフォーマルな社会的支援に加え、後述するような**子ども食堂**、民間のセルフグループのようなインフォーマルな社会資源の活用もまた必要になってくると思われます。

4）母親も子どもたちとともに成長し合える環境を

Ｘさん（41歳）はシングルマザーとして、中学３年生の男の子と、小学６年生の女の子を育てています。10年前に夫と離婚をした際には、貯金はわずかしかなく、不安の中就職活動をし、歯科助手として働きはじめました。当時はまだ小さい子どもたち２人のために保育園と職場を往復する毎日が続きました。「この子たちには私しかいない。私がしっかりしないといけない」という思いが強く、他のことを考える余裕もない日々が続く中、いろいろな悩みをかかえ込んでしまい、適応障害と診断され、休職することになりました。

Ｘさんには、歯科衛生士になりたいという夢がありましたが、38歳という年齢で今さら学校に通うことなど無理だとあきらめていたのです。しかし休職している間、子どもたちが勉強や部活に力を入れてがんばる姿に心が動き、「自分も子どもたちと一緒に勉強をして、国家資格をとろう」と決意したのです。そんな中、定期的に市役所から届くひとり親家庭に向けた書面の中に、「高等職業訓練促進給付金（以下、給付金）」のことが書いてあるのを見つけ、すぐに市役所へ向かい手続きをはじめました。その後Ｘさんはこの給付金を受け、専門学校に通学をはじめ、無事試験に合格することができました。Ｘさんはこのような話を、Ｘさんの居住する地区の母子寡婦福祉連合会にて発表し、同じような悩みや不安をかかえる人に「人とのつながりの大切さ」や「一人でかかえ込まないことの大事さ」について伝えました。

§考えてみよう――「母子寡婦福祉団体協議会」や、あなたが住んでいる都道府県の「母子寡婦福祉連合会」の活動内容について調べてみましょう。

第２節　ステップファミリー

１）ステップファミリーの現状

夫婦の一方あるいは双方が、前の配偶者との子どもを連れて再婚したときに誕生する家族を**ステップファミリー**といいます。ステップファミリーの家族の構成はさまざまです。たとえば、双方とも子連れで再婚する場合もあれば、これまで母子家庭として子どもを育ててきた女性と、子どもをもったことがない男性のカップルの家庭、父子家庭の父親が出産経験のない女性のパートナーと結婚した家庭の場合でも、ステップファミリーとよばれます。さらに、子どもの性別や子どもの人数、年齢などもさまざまで、どのような経緯か（以前の結婚が死別か離別か）など、その構成の背景は各家庭で大きく異なります。

そのため、現在の日本にステップファミリーがどの程度いるのかといった正確な数は把握されていません。ですが、「2016（平成28）年度人口動態統計特殊報告『婚姻に関する統計』の概況」（厚生労働省）によれば、婚姻件数の年次推移を見ると、「夫妻とも初婚」である人数の割合は、1990年では全体の81.7％であったのに対し、2015年では全体の73.2％と減少しています。一方で、「夫妻とも再婚又はどちらか一方が再婚」は、1990年では全体の18.3％であったのに対し、2015年は26.8％と上昇傾向にあることから、ステップファミリーの数は増加傾向にあると考えられます。

2）ステップファミリーに関わる制度

ステップファミリーに関わる制度として、養子縁組があります。養子縁組には２種類あり、厚生労働省では以下のように説明しています（厚生労働省　普通養子縁組と特別養子縁組のちがい・特別養子縁組の成立件数・参照条文）。

普通養子縁組：「戸籍上において養親とともに実親が並記され、実親と法律上の関係が残る縁組形式」

特別養子縁組：「昭和48年に望まない妊娠により生まれた子を養親に実子としてあっせんしたことを自ら告白した菊田医師事件*等を契機に、子の福祉を積極的に確保する観点から、戸籍の記載が実親子とほぼ同様の縁組形式をとるものとして、昭和62年に成立した縁組形式」

なお、両者の違いの詳細は次頁 **表６．１**の通りです。

＊ 1973年に宮城県の産婦人科医菊田昇が、養育できない子を妊娠した妊娠後期の女性に対し中絶ではなく出産をすすめ、生まれた子を不妊夫婦へ実子として斡旋、その事実を新聞紙上で告白した。このことは後の特別養子縁組制度に影響を与えたとされている。

表 6．1　ステップファミリーに関わる制度比較

筆者作成

	普通養子縁組	特別養子縁組
縁組の成立	養親と養子の同意により成立	養親の請求に対し家裁の決定により成立 実父母の同意が必要（ただし、実父母が意思を表示できない場合や実父母による虐待など養子となる者の利益を著しく害する理由がある場合は、この限りでない）
要件	養親：成年に達した者 養子：尊属または養親より年長でない者	養親：原則25歳以上（夫婦の一方が25歳以上であれば、一方は20歳以上で可）、配偶者がある者（夫婦双方とも養親） 養子：原則15歳に達していない者 子の利益のために特に必要があるときに成立
実父母との親族関係	実父母との親族関係は終了しない	実父母との親族関係が終了する
監護期間	特段の設定はない	6月以上の監護期間を考慮して縁組
離縁	原則、養親及び養子の同意により離縁	養子の利益のため特に必要があるときに養子、実親、検察官の請求により離縁
戸籍の表記	実親の名前が記載され、養子の続柄は「養子（養女）」と記載	実親の名前が記載されず、養子の続柄は「長男（長女）」等と記載

3）ステップファミリーの構造

ここでは、養子縁組をしている「養父母」と養子縁組をしていない「継父母」を含めて「**継父**」「**継母**」とします。

ステップファミリーがもつ機能として、「代替モデル／スクラップ&ビルド型」と「継続モデル／連鎖・拡張するネットワーク型」の二つのモデルがあるといわれています（野沢他, 2018)。「代替モデル／スクラップ&ビルド型」とは、従来型の家族観に基づくステップファミリーのことをいいます。たとえば、実母が子どもの親権をもって離婚をした後に再婚した場合、継父がそのいなくなった実父と入れ替わり、その代役として継子の親となるとみなす考え方

のことをいいます。このようなタイプの場合、継親が実親の１人を代替することを前提としていることから「代替モデル」、また、除かれた実父を継父が補う形で同様の**核家族**世帯を再建するイメージに基づいていることから「スクラップ＆ビルド型」ともいわれます。この場合、継親や同居親が主導して別居親を排除し、継親を代替親として位置づけるため、継子の立場からすると強固で窮屈な家族関係に感じられるという特徴をもつといわれています。

一方「継続モデル／連鎖・拡張するネットワーク型」は、親の離婚や再婚をへても、子どもが両親との関係を保ち続けることを前提につくられるステップファミリーをいいます。標準的家族にとらわれず、柔軟に家族関係をとらえ、継親を「親ではない」重要かつ責任ある存在として位置づけるため、同居親や継親側と継子との認識のズレが小さく適応しやすい特徴があるといわれています。このように継続モデルが継子にとっても実／継親にとっても葛藤の少ない理想的なステップファミリーといわれていますが、実際は代替モデルが多いといわれています。

緒倉（2018）が指摘するように、ステップファミリー支援のゴールは、家族の構造や機能を初婚家族モデルへと近づけることではありません。家族のもつ強みをいかし、ステップファミリー構成メンバー各人がそれぞれ尊敬し合える関係性を築けるような関わりを続けるよう支援することが求められます。

４）同じ悩みや不安をかかえる者同士での分かち合いの場

Ｚさんは、連れ子であるＢくん（５歳）とＣちゃん（２歳）の母親であり、３か月前に現在の夫と再婚をしました。継父はやさしい人ではありますが、Ｂくんはなかなか打ち解けることができず、最近では母親にも反抗してくるようになったことを悩んでいました。ある日Ｚさんが定期的にＣちゃんを連れて行っている地域子育て支援拠点で、スタッフにそのことを相談したところ、スタッフの方から、ステップファミリーのサポートを中心に夫婦関係・**子育て支援**に着目した家庭円満をめざす自助団体を紹介してもらい、出席することになりました。すると同じような悩みや不安をかかえる親がたくさんいることを知り、連絡を取り合える友人もできはじめました。そして、「これまでは『自分だけだ』という孤独感がいつも心のどこかにあったけれど、１人じゃないんだ」という勇気が生まれるようになりました。

> **§考えてみよう**――あなたが住んでいる都道府県でステップファミリーをサポートしている自助団体などについて探してみましょう。

第3節　外国にルーツをもつ家庭

1）外国にルーツをもつ家庭の現状

2019年６月末の在留外国人数は282万9416人で、前年末に比べ9万8323人（3.6％）増加となり過去最高となりました（出入国在留管理庁, 2019）。また、倉石哲也らが2019年に実施した全国調査（三菱UFJリサーチ＆コンサルティング, 2020）によれば、外国にルーツをもつ子どもが入園している保育所などの有無を調べたところ、回答のあった自治体のうち約７割が外国にルーツをもつ子どもが入園している保育所などがあると回答しました。さらに同調査では、自治体における在園児の課題を見ると、「**文化的背景**と保育所等のルールの整合性を図ることが難しい」が54.3％で最も回答割合が高く、次いで「外国にルーツを持つ子どもやその保護者の課題を把握することが難しい」が52.3％、「受入れにあたり保育所等がかかえる課題を把握することが難しい」が34.1％の順で多いことがわかりました。

また、日本の学校に在籍する外国人児童生徒の動向を見てみると、在籍者数は、2018年度時点で小学校に5万9094人、中学校に2万3051人、義務教育学校に326人、高等学校に9614人、中等教育学校に151人、特別支援学校に897人など、計9万3133人となっています（文部科学省, 2019）。

近年では、国際結婚の家庭の子ども、日本国籍者であっても、長期の海外生活をへて帰国した子どもなどに対し、日本語指導を行っているケースも少なくないといわれており、外国籍であるか日本国籍であるかを問わず、外国に何らかのつながりをもつ家庭が増えているといえます。さらに文部科学省（2019）の調査では、日本に住む義務教育相当年齢の外国籍児12万4049人のうち、

15.8％に当たる１万9654人で、国公私立校や外国人学校などに在籍していない不就学の可能性があることが明らかとなりました。外国人労働者の受け入れが拡大する中、不就学児童の増加が懸念されており、就学支援や日本語教育の充実などが求められています。

2）外国にルーツをもつ家庭に対する社会的支援

地方公共団体における日本語教育の状況を調べた調査によれば、地域において行われている日本語教室はその３分の２を民間が行っていることがわかりました（文化審議会国語分科会日本語教育小委員会, 2015)。また、我が国の日本語教育実施機関における教師のうち、ボランティアの占める数の割合は57％と半数をこえていることも明らかになりました。このようなところでは、ボランティアの高齢化、若い世代の人材の確保が困難であるなど長期にわたって安定的に活動に参加できる人材の確保や、育成を課題としているところが多いといわれています。今後、定住外国人に地域社会で安心した生活を送ってもらうためには、最も身近な行政機関である市区町村や地域社会において、日本語学習環境を整えることが求められるでしょう。

3）外国にルーツをもつ家庭特有の課題とそれに対する支援

林（2017）が外国にルーツのある子どもの保護者（15名）に調査を実施したところ、子育てで気がかりなこととして、将来の見通しに関連したものや、いじめ、言語に関することがあげられていました。また、子育てに関する手助けで求めることとしても、ことばや学習に関すること、いじめに関することなどがあげられていました。

このうち特に言語については、ダブルリミテッド（複数の言語環境に育つ子どもがどちらの言語も生活年齢レベルに発達していない一時的な状態）におちいる可能性も示されています。中島ら（2017）が指摘するように、今後は、家庭を中心に育つ継承語（保護者から受け継いだことば）を土台としながらどのように複数言語のリテラシーが育成できるのか、またそのための教育支援のあり方も問われていくのではないでしょうか。

4）家族のニーズに沿ったツールの作成

Ｐ町では、NPO法人が運営する**子ども食堂**が月に二回、夕方から夜にかけて開催されていました。子ども食堂の詳細については、チラシをつくり、Ｐ町の教育委員会を通じて、小学校に配布してもらうようにしています。ある日、子ども食堂のスタッフが準備をしていると、近くの公園で２人の男の子が遊んでいました。会話を聞いてみると、２人は日本語ではない言語で会話をしていました。子ども食堂に来てみてはどうかと声をかけようとしましたが、日本語が伝わるかわからず迷っているうちに、子どもたちは帰ってしまいました。このことをきっかけに、子ども食堂を運営するスタッフで話し合いを行い、夕ご飯の時間が近くなっても公園で遊んでいる子どもたちにも気軽に子ども食堂に来てほしいということで、いつも配っているチラシに英語や韓国語、中国語で書いた案内文も記載することにしました。その後、そのチラシを見た中国にルーツをもつ子どもの保護者から連絡があるなど、少しずつ利用する子どもたちも増えていくようになりました。

§考えてみよう――外国にルーツをもつ家庭の支援をすることの意義について、いくつか考えてみましょう。

第４節　育児サポート環境のない家庭

1）育児サポート環境のない家庭の現状

第５章でも示されているように、女性の社会進出や**性別役割分業意識**の変化など、家族機能の変化にともない、共働き家庭が増加しています。旭化成(2016)が実施した調査によれば、フルタイム共働き家庭のうち、「親（子どもの祖父母）から子育てのサポートを受けていない」と答えた人数の割合は、全体の35.5%であることがわかりました。また、子どもの年齢別では「３歳児未満」「３歳児以上未就園児」の子どもを育てているフルタイム共働き家庭においても、全体の約36%が「親（子どもの祖父母）から子育てのサポートを受けていない」と回答しました。

2015年頃からは、「育児の当事者たち（主に母親）が使う俗語」として「**ワンオペ育児**」という用語が流行しました。これはブラック企業の「ワンオペ」（ワンオペレーション＝１人作業）労働が、母親たちの家事育児などの労働とそっくりなことから、インターネットを中心に母親たちの間で広まりはじめたといわれています。このような現状は、**ひとり親家庭**だけでなく、たとえば父親が単身赴任である母親などにも当てはまりますし、専業主婦、仕事をしている母親を問わず「ワンオペ育児」があふれているといえます。

2）育児サポート環境のない家庭への支援

一時預かり

家庭において保育を受けることが一時的に困難となった乳児または幼児について、主として昼間、保育所、幼稚園、認定こども園その他の場所において、一時的に預かり、必要な保護を行う事業のことをいいます。主として保育所、幼稚園、認定こども園などに通っていない、または在籍していない乳幼児を対象とし、保育所、幼稚園、認定こども園、地域子育て支援拠点または駅周辺といった利便性の高い場所など、一定の利用児童が見込まれる場所で実施されています。

ファミリー・サポート・センター（ファミサポ）

乳幼児や小学生などの児童を有する子育て中の労働者や主婦などを会員とし、児童の預かりの支援を受けることを希望する者（以下、依頼会員）と当該支援を行うことを希望する者（以下、提供会員）との相互支援組織によって成り立っています。市町村からの委託事業として実施しているところがほとんどです。この事業の特徴としては、「低額の有料・有償のサービス」であることや「非営利活動」であることがあげられます。会員同士の相互支援によって成り立つ当該事業は、親同士や地域住民との交流の機会が得られにくい現代社会における新たな地域コミュニティとして、さらなる構築・発展が求められているといえます。

親子の居場所づくり事業

近年では、子どもや親だけに限らず、その他の地域住民を含めて対象とし、無料または安価で栄養のある食事やあたたかな団らんを提供する取り組みが、全国各地で開設されています。親子の居場所づくり事業は、子どもの食育や居場所づくりにとどまらず、それを契機として、高齢者や障害者を含む地域住民の交流拠点に発展する可能性があり、地域共生社会の実現に向けて大きな役割を果たすことが期待されます。また普段、育児サポート環境がない家庭の保護者においても、食事をつくる時間が少しでも省けたり、一緒に参加した親同士で不安や悩みを共有することができる機会として、今後ますます広がっていくでしょう。

3）育児サポート環境のない家庭がかかえる課題

苫米地（2017）は、育児サポート環境のない家庭にとって「父親（あるいは母親）の協力の欠如」や「母親（あるいは父親）自身の社会的ネットワークの狭さ」が**育児不安**へとつながると指摘しました。「父親（あるいは母親）の協力の欠如」ということについて、実際に日本の**育児休業**取得率の現状として、女性が82.2％、男性が6.16％と圧倒的に男性は少ないことがわかります（厚生労働省, 2019）。また、育児休業の利用希望があったにもかかわらず利用できていない男性が35.3％存在していることから、協力をしたいと思っていても職場の理解が得られず協力できないという現状もうかがえます。

4）ファミサポ利用者の声から見えること

筆者は、Q町ファミリー・サポート・センターの会員207名（依頼会員129名、提供会員57名、両方会員21名）を対象に郵送法による質問紙調査を実施しました（北川, 2016）。その結果、依頼会員が実際に支援を依頼してよかったと思うこととして、「安心できる」というワードが用いられている項目を多く選択している傾向がうかがえました。依頼会員全体の99％が「援助が必要なとき確実に会員を紹介してもらえる」ことを最も必要としていたことからも、地域の中で暮らしていく上で、「いざ何かあったときにも支援を要請できる」という「安心感」をどの程度もてるかということが重要であることがわかります。子育ての安心感は近くに育児サポート環境がない家庭にとってだけでなく子育て・子育ちを支える地域社会づくりにもつながっていくのではないでしょうか。

§考えてみよう――育児サポート環境のない家庭に対するサポートについて、保護者に向けた支援と子どもに向けた支援の両側面から考えてみましょう。

第５節　LGBTファミリー

１）LGBT家庭の現状

LGBTとは、女性同性愛者（Lesbian）、男性同性愛者（Gay）、両性愛者（Bisexual）、トランスジェンダー（Transgender）の四つのことばの英語表記の頭文字を合わせたことばです。広い意味では、マイノリティ（少数派）の対語であるマジョリティ（多数派）以外のすべての性的マイノリティを包括して表すことばでもあります。

2018年に、「電通ダイバーシティ・ラボ」（株式会社電通）が全国の20～59歳の個人６万人を対象にインターネット調査を実施した結果、LGBTに該当する人は、全体の8.9％であることがわかりました。前回の2015年の調査では7.6％であったことから近年増加傾向にあることがわかります。

２）学校・保育現場でのLGBTに対する理解と支援について

2015年には「**性同一性障害**に係る児童生徒に対するきめ細かな対応の実施等について」が文部科学省から通知され、「性的マイノリティ」という表現でLGBTの子ども全体に関して、支援者がよき理解者となる必要性や具体的な配慮事項などについて明記されました（文部科学省, 2015）。

欧米では、学校など教育現場と連携し、LGBTの子どものサポートを行ったり、学校にLGBTの知識を広めるための取り組みをするNPO団体が多くあります。我が国においても、いじめや差別、偏見への対応や支援に関する施策がつくられていますが、さらなる理解促進に向けた取り組みが課題とされています。ただし、「特別な配慮」を行うことでよしとして、学校や社会の枠組みそのものを問うことをしない議論が進められているのではないかという指摘もあります。

2016年に施行された「障害を理由とする差別の解消の促進に関する法律」（障害者差別解消法）の中で「**合理的配慮**」について示されました。LGBTを含め子どものさまざまな特性に合わせた「合理的な配慮」を行い、社会全体を見直す機会をつくることが求められているといえます。

3）子どもがLGBTであるかもしれない場合の家庭との関わり

自分がLGBTであると自覚するようになる時期は人それぞれですが、**思春期**のはじまり頃に気がつき、思春期のおわり頃にははっきりとした自覚（自分は○○であると**アイデンティティ**を抱くこと）をもつようになるといわれています。ただ、子どもによっては、保育園や幼稚園のときに性別への違和感をもちはじめることもあるようです。そのような子どもが身近にいた場合、周囲の大人はどのようなことに気をつけなければならないでしょうか。

まず私たちはLGBTかどうかを外見で見分けることはできません。ご自身がLGBTでいらっしゃる遠藤まめたさん（2015）によれば、周囲の大人が勝手に性別を決めつけたり、批判的なことを言ったりするのではなく、他の子どもたちと同様に、子どもが好きなことを一緒に楽しむ時間をもつこと、子どもがイヤがることを押しつけないこと、わからないことは本人と一緒に考えること、制服やトイレの利用など日常生活で困ることがあれば調整することなどが大事な視点であると述べられています。

4）台湾における同性婚をめぐる施策と日本のこれから

台湾で2019年５月24日に同性婚を認める特別法が施行され、2019年度の婚姻件数は2939組だったことがわかりました（BBCnewsJapan 2019年５月17日付 記事)。台湾では同性婚を認める法律を成立させる動きは2000年代初頭からはじまっていました。司法院大法官会議は2017年、同性カップルにも結婚する権利が法的に認められるべきだとの判断を下し、２年以内に法改正するよう政府に求めていましたが、この決議には批判も多く寄せられていました。その後行われた住民投票では、３分の２以上の有権者が、婚姻の定義を男性と女性の間のもののままにすることを望みました。こうした状況を受け、台湾はこれまでの婚姻に関する法律を改定せず、新たに同性婚を認める特別法の設置によって法制化することとなりました。反対意見や課題なども多々ある中で同性婚が採択されたのは、当事者たち、応援者たちの積極的なソーシャルアクションによる結果であるといえ、このような運動による社会的改革は、日本にとっても大変参考になるでしょう。

§考えてみよう――世界のLGBTに関する取り組みについて調べて比較してみましょう。

おわりに

本章ではさまざまな課題やニーズをかかえた家庭について取り上げましたが、ここに記載している家庭がすべてではありません。また、１世帯１世帯がかかえる課題は複雑であるということを理解しておく必要があるでしょう。このような家庭が地域社会の中で安心かつ充実した生活を送っていくために必要な視点とはどのようなものなのでしょうか。

筆者は少年院に社会福祉士として非常勤勤務をしており、子どもたちが社会復帰する上で何か役に立ちそうな社会資源はないかと探すお手伝いをしています。また、NPO法人の理事として、親子の居場所づくりの運営にもたずさわらせてもらっています。そのような場所だけでなく、大学なども含めてこれまでに関わってきた子どもたちの中には、多様で複雑な家庭の事情などをかかえるケースが少なからずありました。筆者がこの章で述べたようなエピソードなどは、決して珍しいケースではなく、筆者自身も含め、読者の皆さんにとっても往々にして日常生活の中で起こり得ることなのです。そのような現状の中で、自分ができることは何だろうかと考えたときに、「今の自分にできる最大限のことをしよう」と思うことにしています。それはたとえば「正しい知識を知る」ことかもしれませんし、「親子の居場所をつくる」ことかもしれません。そうやって一人ひとりが「まずはできることからはじめようとする」ことは、多様な子育て環境にある家庭も含めた地域住民が安心・安全に暮らせる社会をめざす上での第一歩となるでしょう。

● 引用文献

旭化成ホームズ株式会社（2016）共働き家族とサポートする親・そのくらしと意識 調査報告書
https://www.asahi-kasei.co.jp/j-koho/kurashi/report/K049.pdf （閲覧日 2020年7月22日）

浅沼裕治（2020）父子家庭への効果的な社会的支援：父親の語りによるテキスト分析から，福祉社会開発研究 = The study of social well-being and development：社会福祉学，国際社会開発，福祉経営，医療・福祉マネジメント，15，pp.1-9.

BBCnewsJapan　台湾、同性婚認める法案を可決 アジア初（2019年5月17日付 記事）
https://www.bbc.com/japanese/48305927 （閲覧日 2020年7月25日）

文化審議会国語分科会日本語教育小委員会（2015）地域における日本語教育の実施体制について 中間まとめ（「論点7　日本語教育のボランティアについて」）
https://www.bunka.go.jp/seisaku/bunkashingikai/kokugo/hokoku/ （閲覧日 2020年7月21日）

株式会社電通　電通ダイバーシティ・ラボが「LGBT調査2018」を実施（2019年1月10日付 ニュースリリース）
https://www.dentsu.co.jp/news/sp/release/2019/0110-009728.html （閲覧日 2020年7月19日）

遠藤まめた（2016）先生と親のためのLGBTガイド：もしあなたがカミングアウトされたなら，合同出版

北川裕美子（2016）地域の子育て支援事業における住民同士の相互支援のあり方に関する一考察：ファミリー・サポート・センター事業に着目して，保育ソーシャルワーク学研究，第2号，pp.63-78

厚生労働省（2019）平成30年度雇用均等基本調査
https://www.mhlw.go.jp/toukei/list/dl/71-30r/03.pdf （閲覧日 2020年7月23日）

厚生労働省　普通養子縁組と特別養子縁組のちがい・特別養子縁組の成立件数・参照条文
https://www.mhlw.go.jp/content/11900000/000637049.pdf （閲覧日 2020年7月21日）

厚生労働省　平成28年度 全国ひとり親世帯等調査結果報告
https://www.mhlw.go.jp/stf/seisakunitsuite/bunya/0000188147.html （閲覧日 2020年7月21日）

厚生労働省　平成28年度 人口動態統計特殊報告「婚姻に関する統計」の概況
https://www.mhlw.go.jp/toukei/saikin/hw/jinkou/tokusyu/konin16/dl/01.pdf? （閲覧日 2020年7月19日）

三菱UFJリサーチ＆コンサルティング（2020）保育所等における外国籍等の子ども・保護者への対応に関する調査研究事業 報告書
https://www.murc.jp/wp-content/uploads/2020/04/koukai_200427_1_1.pdf （閲覧日 2020年7月21日）

文部科学省（2015）性同一性障害に係る児童生徒に対するきめ細やかな対応の実施等について

https://www.mext.go.jp/b_menu/houdou/27/04/1357468.htm （閲覧日 2020年７月23日）
文部科学省（2019）外国人児童生徒受入れの手引き
https://www.mext.go.jp/a_menu/shotou/clarinet/002/1304668.htm （閲覧日 2020年７月23日）
中島和子（2017）継承語ベースのマルチリテラシー教育：米国・カナダ・ＥＵのこれまでの歩みと日本の現状, 母語・継承語・バイリンガル教育（MHB）研究, 13, pp.1-32
緒倉珠巳・野沢慎司・菊池真理（2018）ステップファミリーのきほんをまなぶ：離婚・再婚と子どもたち, 金剛出版
志田未来（2015）子どもが語るひとり親家庭：「承認」をめぐる語りに着目して, 教育社会学研究, 96,pp..303-323
ステップファミリー・アソシエーション・オブ・ジャパン
https://web.saj-stepfamily.org/ （閲覧日 2020年７月23日）
出入国在留管理庁（2019）令和元年６月末現在における在留外国人数について（速報値）
http://www.moj.go.jp/isa/publications/press/nyuukokukanri04_00083.html （閲覧日 2020年７月23日）
苫米地なつ帆（2017）ワンオペ育児：わかってほしい休めない日常, 毎日新聞出版

第7章 特別な配慮を必要とする家庭への支援

水永淳

貧困家庭や虐待が疑われる家庭、保護者が精神疾患や障害をもつ家庭と聞いてどのような印象をもつでしょうか。これから保育者として出会うこれらの家庭について、関心を向けて具体的なイメージをもっておく必要があります。そして、これらの特別な配慮を必要とする家庭への支援が求められた際には、適切な対応ができるように備えておきましょう。本章では、貧困や虐待、障害などのことばがもつイメージにとらわれることなく、いくつかの特別な配慮を必要とする家庭について、現状を知り、保育者に求められる役割について学び考えることをめざしています。

第1節 貧困家庭

1）貧困とは

「貧困」というと、開発途上国で見られるような食事もままならないほどの経済的な貧しさを示す**絶対的貧困**を想起するかもしれません。絶対的貧困とは、生存に必要な食糧などを買うための所得がきわめて低い状態を指します。これに対して、ある国や地域内での比較において所得が低位な状態は、**相対的貧困**とよばれます。

世帯の可処分所得（手取り額）から算出した等価可処分所得[1]を、低い〜高い順に並べたときの中央値を**貧困線**とよびます。相対的貧困の状態にある世帯とは、貧困線未満で生活している世帯のことです。そして、**子どもの貧困**とは、等価可処分所得が貧困線を下まわる世帯で生活をしている子どもたちの状態を指しています。

2018年において、等価可処分所得が貧困線に満たない家庭に属している子どもの割合は、13.5％（7.4人に１人の割合）でした[2]（厚生労働省, 2020）。また、子どものいるひとり親家庭の状況を見ると、48.1％が貧困家庭に該当するという、深刻な状況が示されています。貧困家庭では、子どもの大学進学率が低い状況にあるなど、家庭の経済状況が、子どもや若者の進路の選択肢を狭め、未来の夢を断っていることが懸念されています。

2）貧困がおよぼす子どもへの影響

貧困をはじめとする経済的不安は、家庭基盤の脆弱性を招き、保護者の精神的な不安定につながりやすく、虐待が起きる背景要因の一つと考えられています。経済的不安のある家庭では、保護者は、収入を得ることに精一杯になってしまうため、子どもに関心を向けられる時間が制限され、子どもの心情をくみ取って接することが難しい場合があります。子どもは、自分に関心を向けてくれる周囲の大人とのコミュニケーションを通じて、「自分が認められている」「自分はこのままでよい」「やればできる」という感覚の土台をつくります。その端緒となる親子の情緒的交流が制限されることは、子どもの成長や発達に何らかの影響をおよぼすと考えられます。

3）子どもの貧困へのさまざまな支援

このような実態に対して、民間主導により「**子ども食堂**」の取り組みが急速に進んでいます。子ども食堂は無料または低額で食事を提供し、子どもの孤食を防ぐ居場所を提供しています。近年では、子どもの貧困対策の枠をこえ、世

1 世帯の可処分所得を世帯人数の平方根で割った値。世帯員の生活水準をより実感覚に近い状態で判断できるように計算した額のこと。

2 この割合は、2015年に改定されたOECDによる所得定義の新たな基準をもとに算出すると、14.0％（7.1人に１人の割合）となる。

代間交流や地域連携の拠点として機能するものも見られるようになっています。
また、公的な支援施策の「子どもの学習・生活支援事業」では、小中学生から高校生への学習支援や相談支援が行われ、貧困の状況に置かれた子どもの生活や学びを支援するしくみが用意されるようになりました。このような支援によって子どもの生活力や学力を上げ、貧困の連鎖を防ぐことができます。

4）保育者に求められること

子どもの貧困は、各家庭の個の問題として自己責任に帰結するのではなく、社会構造上の問題としてとらえる必要があります。保育者は、関わる子どもと家族の生活状況に関心を寄せ、必要に応じて各種の既存のサービスや支援につながるよう情報提供することが求められます。また、制度と制度の隙間におちいっている家庭がいれば、その現状を社会へ発信するマクロの視点も期待されるところです。

第2節　虐待が疑われる家庭

1）児童虐待とは

児童虐待という言葉は、メディアで毎日のように耳目にふれるものになっています。子どもの心身を傷つけ、安心・安全に日々を過ごし健全に成長する**子どもの権利**をおびやかし、未来の世代の育成にも懸念をおよぼす社会問題であると同時に、さまざまな条件やリスクが重なれば、どの家庭でも起こり得る問題でもあります。
この問題に対応するため、2000年に**児童虐待の防止等に関する法律**（以下「児童虐待防止法」という）が成立し、同年、施行されました。
児童虐待は児童虐待防止法第２条において**表７．１**の通り定義されています。

表７．１　児童虐待の四つの種別と実例

種別	内容
身体的虐待	児童の身体に外傷が生じ、または生じるおそれのある暴行を加えること。 （例）傷・アザができる行為。なぐる、ける、たたく、戸外にしめだす。縄などを使って一室に拘束する、逆さ吊りにする。
性的虐待	児童にわいせつな行為をすること、または児童にわいせつな行為をさせること。 （例）子どもへの性交。子どもに性器や性交を見せる。ポルノグラフィーの被写体にする。
ネグレクト	児童の心身の正常な発達を妨げるような著しい減食、または長時間の放置、保護者以外の同居人による身体的・性的・心理的虐待の行為と同様の行為を放置すること、その他保護者としての監護を著しく怠ること。 （例）健康・安全への配慮を怠る。子どもに必要な情緒的交流をしない。食事、衣類、住居などが極端に不適切。子どもを遺棄したり置き去りにしたりする。
心理的虐待	児童に対する著しい暴言、または著しく拒絶的な対応、児童が同居する家庭における配偶者（内縁関係も含む）に対する暴力（子どもの面前でのＤＶ）など、児童に著しい心理的外傷を与える言動を行うこと。 （例）言葉による脅かし、脅迫。無視や拒否的な態度をとる。他のきょうだいとは著しく差別的な扱いをする。子どもの面前で、配偶者やその他の家族に対する暴力・暴言をする。

注）表中の文言は、児童虐待防止法の条文を平易な表現に改変しています。

２）児童虐待の統計

また、児童虐待に関する全国統計は、**図７．１**、**図７．２**に示した状況です。

2018年度に全国の児童相談所で対応した児童虐待相談の件数は、15万9838件であり、2009年度と比較すると、10年間で３倍近くに増加しています。この他、児童虐待の相談や通告を受ける主な窓口には市町村の児童虐待対応担当課があり、2018年度に全国の市町村にて対応した児童虐待相談の件数は、12万6246件でした。近年では、子どもの面前で保護者が配偶者に対して暴力的な関わりをする「**面前ＤＶ**」の通告が増えていることが特徴といえます。被虐待児童の年齢構成について、保育施設などの保育者が関わることの多い区分は、未就学児童に相当する０～２歳、３～６歳の区分ですが、全国児童相談所と全国市町村を比較すると、市町村の割合が高く、合わせて53％と半数をこえています（政府統計ポータルサイト, 2018-2020）。

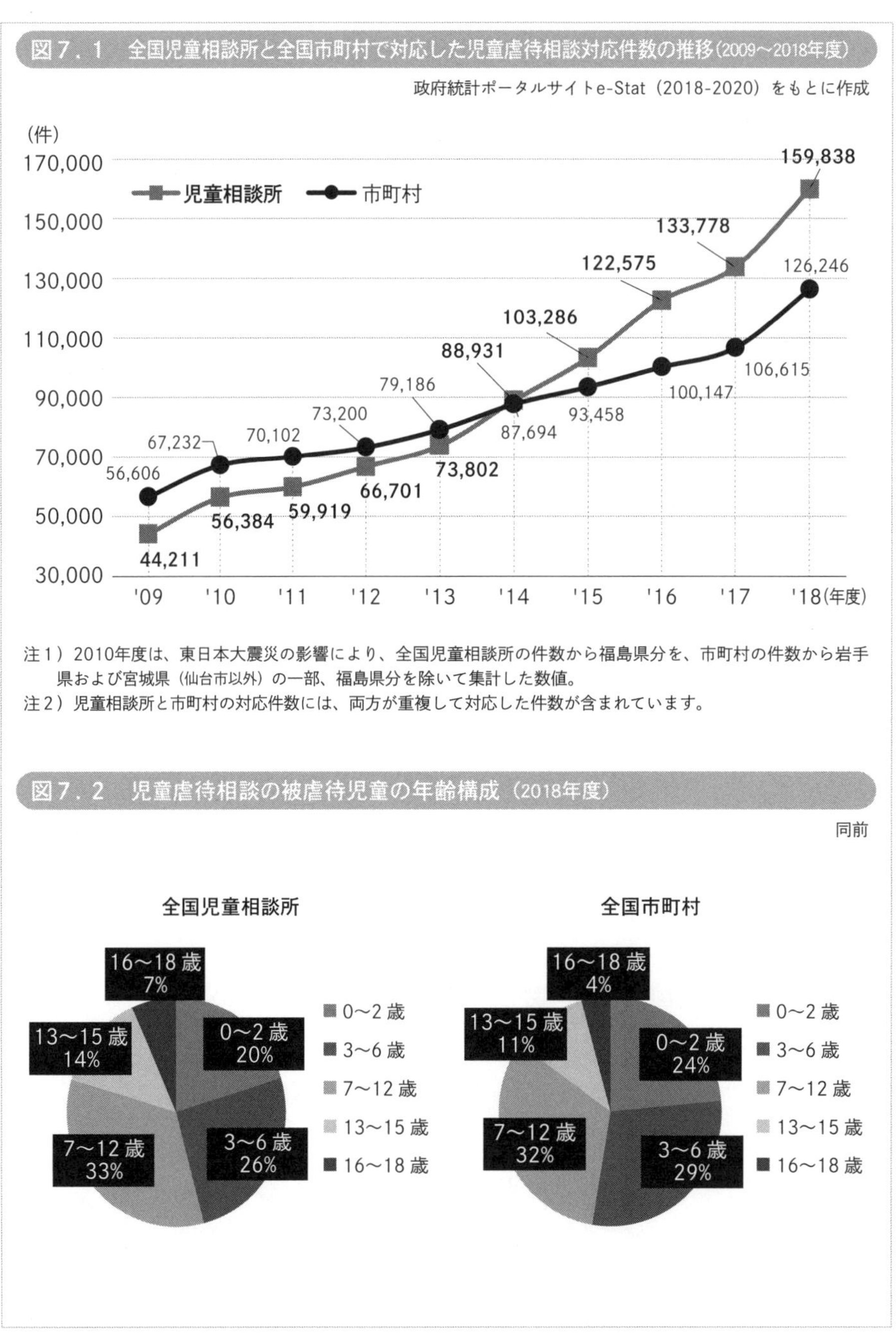

図７．１　全国児童相談所と全国市町村で対応した児童虐待相談対応件数の推移（2009〜2018年度）

政府統計ポータルサイトe-Stat（2018-2020）をもとに作成

注１）2010年度は、東日本大震災の影響により、全国児童相談所の件数から福島県分を、市町村の件数から岩手県および宮城県（仙台市以外）の一部、福島県分を除いて集計した数値。
注２）児童相談所と市町村の対応件数には、両方が重複して対応した件数が含まれています。

図７．２　児童虐待相談の被虐待児童の年齢構成（2018年度）

同前

3）事例を通じて保育者の役割を考える

児童虐待防止法第５条では、保育所やこども園の職員、その他職務上で児童の福祉に関係のある者は、「児童虐待を発見しやすい立場にあることを自覚し、児童虐待の**早期発見**に努めなければならない」とされていますので、保育者に求められる役割は大きいといえます。

ここで、保育者が関わった虐待が疑われた二つの事例を見てみましょう。

事例１

先月、小児科にてADHDの診断を受けた５歳男児のＡくん。普段は、保育所に登所するなり、その場にじっとしていられずに他児が遊んでいるところに次々と首をつっこみ、おもちゃを取り上げ、走りまわる行動を繰り返しています。母は、常日頃から、登所時のＡくんのこの行動をやめさせようと躍起になり、走り出すのをつかまえてはどなり、保育者の前でも手を上げてしまうことがありました。

保育者は、母の了解を得て、母子が以前に相談したことのある発達障害者支援センターにアドバイスを求めたところ、Ａくんへの関わり方の助言とともに、「母にもＡくんと同様に衝動性がおさえにくい特徴があります。Ａくんの行動の意味づけを変えることばかけをしてみてはどうでしょうか」という提案を受けました。保育者は、母が、Ａくんの落ち着かない行動を目の前にすると、『自分が何とかしなくては……』とあせってしまっているのではないかと考え、登所時に母へは「Ａくんの元気いっぱいの朝活を見守ってみましょう」と声をかけ、しばらくＡくんへの声かけは、保育者が行うこととしました。

この事例で保育者は、母の下線のような行動から虐待の可能性を感じています。専門機関の助言を受けて、Ａくんの行動を「元気いっぱいの朝活」と肯定的にとらえ直して母に繰り返し伝えました。また、母の「あせり」がＡくんの行動を無理に制止させ、結果的にＡくんの行動を助長させていると見立てて、母が「あせり」を感じる前に「Ａくんを見守る」心構えをもつことでパターンが変わるだろうという仮説をもっています。見立てに基づく仮説を立てて働きかけを行う場合、仮にその見立てや仮説が違っていても、修正して新たな仮説のもとに関わることができるため、有効な方法といえます。

母に、Ａくんに対する保育者の関わり方を見てもらうことも、母が適切な行動のモデルにふれて同様の行動がとれるようになるための重要なプロセスといえます。

保育者は、この事例のように、児童虐待の早期発見と未然防止に寄与することができる一方で、通告や相談を通じて家族を支援することが求められる場合もあります。次の事例は、市町村への相談（通告）に至ったものです。

事例２

母子世帯。母（26歳）と５歳Ｃくんの他に、母が仕事で週１回の夜勤があるときは、母と交際している男性（29歳）が家に出入りをしていました。

母は、日勤時は、本児を認定こども園（以下「こども園」という）に預けて職場へ出かけ、終業後の夕方、迎えに来て帰宅していましたが、週１回の夜勤時には、朝Ｃくんをこども園に送迎した後で仮眠をとり、夕方にＣくんを迎えに来た後は、交際男性に本児をゆだねて働いていました。こども園では、半月ほど前からＣくんの手足に小さなアザが確認されていて、今朝は、左頬がうっすら発赤した状態で登園してきました。

担当保育教諭が母に事情を聞くと、母は「Ｃが転んだと思うけど、見ていないのでわかりません」と話しました。また、Ｃくんにもさりげなく確認をしましたが、何も話そうとはしませんでした。

担当保育教諭は、園内協議をへて、母が本児を迎えに来た折に、就労リズムが変わる中でもがんばって子育てをしている母を十分に労う一方で、「気がかりな傷やアザがあった場合には、Ｅ市へ報告しなければいけないんです」と伝えることにしました。

母は、涙ながらに「コールセンターの夜勤の間は、知人がＣを見てくれています。Ｃはこの知人にたたかれたのかもしれませんが、他に頼る人がいないんです」と苦しい胸のうちを明かしました。こども園は、これまでにも母子と関わりのあったＥ市子ども家庭課に相談することとしました。

この事例では、傷、アザができた経緯が判然とせず、また受傷部位が上肢・下肢から顔面へ変化していることから、虐待のリスクが高まっていると考えられます。Ｃくんが話さないのは、口止めされているからかもしれませんし、母が交際男性に確認した様子がないのは、ＤＶを受けている可能性も否定できません。今後も母が週１回の夜勤を継続し、引き続きその間の養育を交際男性にゆだねるのは限界がきていると考えられますので、母を**エンパワメント**してＣくんの養育体制や母の勤務の変更につなげるような支援が求められます。支援を検討するため、こども園が**要保護児童対策地域協議会**（詳細は、第４節にて説明）の**調整機関**でもあるＥ市へ相談（通告）した対応は、児童虐待防止法第５条の趣旨にも沿い、適切なことと考えられます。

４）児童虐待の早期発見のために

児童虐待の発生予防に役立つように、厚生労働省からチェックシート[3]が示されています。このシートは、① 子どもの様子（気になる行動、攻撃性が強いなど28項目)、② 保護者の様子（子どもへの関わり・対応、心身の状態など17項目)、③ 家族・家庭の状況（家族間の暴力・不和、サポートなどの状況など６項目）のチェック項目からなり、早期発見のためには、保育者として有効活用することが望まれます。

第３節　保護者が精神障害や疾病をかかえる家庭

１）保護者の障害や疾病

保護者が何らかの障害や疾病をかかえている家庭では、家族構成や家庭環境によって、子どもを家庭で養育することに困難をきたす場合があります。たとえば、親族が遠方に住んでいるために育児の分担が任せられない家庭において、父は就労し、母は産後うつ病に罹患したため、家庭での乳幼児の養育が困難になる場合などです。その他、保護者の傷病や身体障害、知的障害などにより、保護者自身が治療を受けたり障害福祉サービスを利用したりしながら子育てをしているものの、家庭での養育に困難が生じている場合もあります。

3「要支援児童等（特定妊婦を含む）の情報提供に係る保健・医療・福祉・教育等の連携の一層の推進について｣、2018年７月20日付 厚生労働省雇用均等・児童家庭局総務課長通知、別表２「虐待の発生予防のために、保護者への養育支援の必要性が考えられる児童等（｢要支援児童等｣）の様子や状況例【乳幼児期】」 www.mhlw.go.jp/content/11900000/000336009.pfd

2）診断や障害認定の有無にかかわらずさまざまな困難がある

保護者が精神障害者保健福祉手帳を取得していなくても、「大人の**発達障害**」とよばれる状態像にあり、保護者自身の社会適応や子育てに困難をかかえている家庭が少なからずあります。保護者の中には、他者への共感や情緒的コミュニケーションが苦手で、子どもがどうして泣いているのか、なぜかんしゃくを起こしているのか理解できず、厳しい言動で関わってしまうことがあるかもしれません。

その他、保護者がアルコール依存や薬物依存、ギャンブル依存、スマホ依存など物質や行動への過度の依存状態にあり、自分のことで手一杯となっている家庭もあります。子どもへの関心が弱まってしまい、保護者としての養育が果たせずにネグレクトの状態となる場合や、精神的に不安定で攻撃的に接してしまうことがあるかもしれません。

3）保育者に求められる役割

日々、子どもの成長に関わる保育者は、親子の関係性に関与できる専門職です。保護者の努力をねぎらい、子どもとの関わり方のモデルを提示し、親子間の**愛着**関係の形成に寄与する働きかけができる立場です。

また、直接的支援の他にも、行政等による既存のサービス・支援に関する情報の提供を行い、他機関へつなぐなどの支援ができます。

第4節　専門機関との連携

1）なぜ専門機関との連携が必要か

子どもやその保護者と日常的に接する機会の多い保育現場では、その家庭のさまざまな「つまずき」や「ほころび」に気づく場面があるでしょう。保育者が感じた子どもや家庭の異変に対して、その家庭との信頼関係を築いた上で、保育者から適切な助言や声かけをすることより、本来その家族がもつ養育力が発揮される家庭があります。

一方で、特別な配慮を必要とする家庭に対して、一つの機関や一人の支援者だけでかかえ込まず、その困難さに対応できる関係機関同士が連携して支援することにより、適切で有効な支援ができることを認識しておく必要があります。そして、単一の機関や支援者による「点の支援」から、多機関や複数の支援者による「面の支援」を行う際には、その支援のもれや重なり、ズレを調整して、支援方針や支援内容について足並みをそろえることで、より効果的で効率的なものとすることができます。

2）要保護児童対策地域協議会とは

保健・医療・福祉・教育などの多数の関係機関が円滑に連携、協力を行うため、児童福祉法第25条の２第２項において、市町村は、**要保護児童対策地域協議会**（以下「**要対協**」という）を設置するよう努めることとされています。要対協は、多方面から寄せられる情報を共有する際のプラットホームであり、また、子どもや家族を支援するための関係機関相互の連携や役割分担の調整役を期待されています。要対協の運営の中核となってこの調整を行う**調整機関**には、多くの場合、市町村の児童福祉や母子保健の主管課が指定されています。

3）専門機関との連携の事例

具体的なイメージをもつために、要対協を活用して情報の共有化を図り、その後の支援の役割分担が行われた事例について見てみましょう。

事例３

県外から半年前に転入してきたＧ家族には、小１女子、５歳男児、３歳男児、１歳女児の４人の子どもがいます。週末の正午過ぎに、長男と次男が自宅から２キロ離れた大型ショッピングセンターにて警察官に保護されました。父母は、長女に下のきょうだいの世話をまかせて、２人そろって買い物に出かけていたようで、連絡がついたのは数時間たってからでした。このため、その間に子どもたちは、４人とも児童相談所で一時保護されました。

この家庭について、保育所にて要対協の**個別ケース検討会議**が開かれることとなり、保育所長と３人の担当保育士が会議に出席しました。その他、この会議に参加したのは、長女の小学校の教頭と担任、主任児童委員、民生児童委員、警察官、市障害福祉担当課、基幹相談支援センター、児童相談所、市教育委員会、要対協調整機関である市子育て支援課の職員でした。

会議の中では、まず児童相談所から、今回の一時保護の経緯や保護中の子どもたちの心理検査と行動観察の結果、保護者との面接の様子について情報提供がなされました。また、保育所や関係機関からは、日頃の保護者と子どもたちの様子やいくつかのエピソードについて報告があり、情報を共有しました。民生児童委員からは、普段の地域での家族の様子について報告があり、はじめて聞く内容が多くありました。

今後の援助方針として、当面は児童相談所が主担当として家庭訪問や親子来所面接によりおおむね月１回程度の関わりを続けて、保護者への指導と家庭状況のモニタリングを行うことが確認されました。また、その間の各関係機関による保護者や子どもへの関わりについても役割分担が決まりました。長男と次男は、児童相談所の嘱託医から、**発達障害**の疑いが指摘されており、今後、改めて病院を受診して診断を受け、必要に応じて障害福祉サービスにつなげることが確認されました。

この事例は、かねてから父母によるネグレクトが心配されていた事例で、まだ年少の学齢のきょうだいに乳幼児の面倒をみさせている背景には、父母それぞれの育ちが影響していました。父母ともに貧困家庭で育ち、知的な能力にも困難をかかえていました。今後の支援の端緒としては、父母が感じている長男と次男の多動傾向への困り感をニーズとしてひきだしながら、きょうだいの特性に合わせた障害福祉サービスの利用を検討することとなりました。ネグレクトは、中長期的な支援が必要になるため、支援の軸足を児童相談所から徐々に市をはじめとする地域に移行させる方針について、要対協ケース検討会議の中で確認されました。

この事例でもふれた要対協は、三層構造が想定されています。三層構造とは次の三つの会議のことを指します。① 担当者で構成される実務者会議が円滑に運営されるよう環境整備を目的に、構成員の代表者によって年１～２回程度開催される**代表者会議**、② 実際に活動する実務者から構成され、定期的な情報交換や支援を行っている事例の総合的な把握、啓発活動などを協議する**実務者会議**、③ 事例３で行われたように個別の支援対象児童などについて、現に関わりがある、あるいは今後関わる可能性がある関係機関の担当者で構成され、情報交換や具体的な支援内容の検討を行う**個別ケース検討会議**です。

４）保育者に求められる役割

保育者は、日々、児童や家族に接して状況を確認し、働きかけができる立場にありますので、要対協への参加を求められることがあります。多機関連携と協働の枠組みとして、積極的に参加するとともに、保育者の視点から、要対協を活用する意識をもつことが求められます。

第５節　守秘義務

１）留意すべき守秘義務

一般家庭に関する情報と同様に、特別な配慮を必要とする家庭に関する情報の取り扱いについては、慎重さや配慮が求められます。

ある家庭への支援について、職場の同僚や上司に悩みごとを聞いてもらったりアドバイスをもらったりすることもあるでしょう。この場合、その場所について考えなければなりません。たとえば、不特定多数が出入りする場所（レストラン、居酒屋など）のように会話の内容が外部にもれかねない場所にて、特定の個人情報を含む会話をすることは、避けなければいけません。また、家族や友人に相談することは、仮にその内容を秘匿扱いにして、匿名で行うにしても、厳に慎まなければなりません。

情報の流出や漏えいにあった家庭への影響は計り知れませんし、流出元となった機関やその専門職は社会的な信用を大きく損なうことになります。また、職務上知り得た情報を正当な理由なくもらした者は、守秘義務違反に問われる場合もあります。

児童福祉法第18条の22他では、保育士の**守秘義務**について規定されており、守秘義務違反については「一年以下の懲役又は50万円以下の罰金」とする罰則や、保育士登録を取り消す処分がなされる場合があるとされています。

2）守秘義務と情報共有

さて、保育者が職務上で知り得たことについて、関係機関との情報共有や、市町村や児童相談所への相談（通告）をする場合は、守秘義務違反には問われないのでしょうか。

まず、関係機関との情報共有については、要対協の枠組みの中で行われるものは、法令に定められた正当な理由に該当するため守秘義務違反とはなりません。しかし、同時に、要対協の構成員は、その職務において知り得た秘密をもらしてはならないこととされています（児童福祉法第25条の５）。つまり、要対協の枠の中では法令に基づいて情報共有が可能ですが、その枠外へは、情報をもらしてはならないとされているのです。

次に、児童虐待の通告については、刑法の秘密漏示罪の規定その他の守秘義務に関する他の法律の規定によって妨げられるものではないと規定されていて、虐待の**早期発見**と速やかな通告を求めているものであるため、同様に守秘義務違反には当たりません。

個人情報については、その他、個人情報の保護に関する法律（公立施設では、条例が定められている場合があります）により、個人情報をきちんと管理、活用するための共通ルールが定められていますので、保育者として留意しましょう。

おわりに

社会の中で生活をしていくということは、他者に適度に依存し、依存されながら生活をしていくことに他なりません。貧困や児童虐待、障害などの課題をかかえた家庭であっても、すべての人を社会の一員として包み込み、支え合うというソーシャル・インクルージョン（社会的包摂）の意識をもって関わることが望まれるでしょう。そしてもし、そのような家庭が、適切な支援につながっていなかったり、支援からこぼれ落ちて孤立していたり、社会から排除されるようなリスクをかかえている場合には、保育者としてできる行動をとってみましょう。

◎ 引用文献

厚生労働省　要支援児童等（特定妊婦を含む）の情報提供に係る保健・医療・福祉・教育等の連携の一層の推進について（2018年７月20日付 課長通知）

厚生労働省（2020）2019年国民生活基礎調査の概況
https://www.mhlw.go.jp/toukei/saikin/hw/k-tyosa/k-tyosa19/dl/14.pdf

政府統計ポータルサイトe-Stat（2018-2020）「福祉行政報告例」
e-start.go.jp/stat-search/　（取得日 2020年8月17日）

§考えてみよう（第6・7章）

右QRコードから動画「児童家庭支援センターけいあい（香川県児童福祉施設）インタビュー」を視聴し、児童相談所や児童家庭支援センターが地域でどのような役割を担っているのか整理してみましょう。

また、保育者や子育て支援者としてどのように児童虐待を防ぐことができるか話し合ってみましょう。

左上写真：児童家庭支援センター内相談室の様子

左下写真：NPO法人 L'espace laboが運営している子ども食堂。コロナ下でも感染予防に配慮して活動を継続している

右下写真：同法人では学習支援も行っている

写真提供：上は児童家庭支援センターけいあい
下2枚はNPO法人 L'espace labo

コラム2

親も子もともに育つまちづくりをはじめよう

有澤陽子（NPO法人子育てネットひまわり）

私は香川県高松市で子育て支援の活動をしています。活動の根っこは子育てひろばの運営で、親子の暮らしの一部として、アットホームでいつでも気軽に立ち寄ることができる場づくりに取り組んでいます。また、2013年より市の委託で実施している相談支援事業は年間約2500件の相談対応をしています。多くは保育施設の利用相談ですが、困りごとの背景を掘り下げると、問題が多様にからまっている場合もよくあります。親子にとって身近な場所だからこその安心感から「実は……」と利用者がもらす愚痴の中には、行政窓口では言いづらいことや公的制度の狭間の問題が多くあります。それらを整理し、本人の自己決定まで息の長い伴走型支援をするように心がけています。

昨今、少子化対策で費用面の補助や手厚い支援など、さまざまな支援メニューが多く生まれている一方で、この状況が親たちを受け身にし、家族の力の衰えを招いていないか、ふと心配になることがあります。そこで今こそ親子に必要なのが「子育てひろば」での時間です。ひろばではスタッフと親子は子育ての営みの中でつながるため、「指導者」ではなく「当事者性」を生かした関わりをめざしています。

たとえば、共感を与えることで「悩みを話しても大丈夫な身近な存在」という信頼が得られます。また、大人同士の関わりが生まれることもひろばの魅力です。特に今の親たちは「頼り下手さん」が少なくありません。私自身も「できていないのは自分だけ」と誰にも頼れず、劣等感に苦しんだ時期がありました。そんなときに出会ったのが「子育てサークル」で、当番や役割を通して「お願い」「ありがとう」というやりとりをし、上手に頼り合う「共同子育て」を体感することができました。このようにむかしは当たり前にあった「みんなで子育て」ができる場を意図的につくることが必要な時代になっているのです。

また、子育てはやった分だけ必ず成果が出るものでもなく、今あるしんどさがいつまで続くのかもつかめないことがさらなるしんどさになります。また、できて当たり前、できないと「だめな親」と社会的にレッテルを貼られる傾向もあることから、自信の喪失や子育ての負担感を訴える親が多いです。私たちは「あなたはあなたのままでＯＫ」と存在を認め、できていないことではなく、小さくてもできていることを認める関わりを大切にしています。まわりとの比較ではなく、その人自身の「以前」と「今」を比べると、その人なりの成長が見つかります。ただ、どうにかしてあげたい気持ちをこえて、支援者から指導者になってしまうことは問題です。困っている親にとって、指導者の増加はときに居心地が悪さにつながります。「監視」にならないよう、あくまでニュートラルに関わり、親たちが主役になれる支援をめざしています。

さて、私は数年前から子育て支援の活動にまちづくりの視点を強くもつようになりました。少子高齢化、担い手不足により、共働き家庭が増え、家族が子育てひろばなど、地域で過ごす期間が短くなっています。そのため、在宅で子育てをしている乳幼児期に地域とどうつながるかが大切になります。先に述べた子育てサークルはコミュニティセンターで開催しており、地域住民と顔の見える関係構築の機会になっています。また、私たちは交流会や立ち話、行事など、日常のたわいもないやりとりの中で、子育て家庭の課題や実情を話題にすることを意識的に行っています。これは子育て支援の応援団を増やすための作戦です。こうした理解の広がりが、子育てという草木が育ちやすい土壌づくりにつながります。この活動を私たちは「地域を耕すアクション」とよんでいます。

「子育ての施設があるから安心なまちだと感じてひっこしてきた」

私にこう言ったのは私たちの施設がある共同住宅に住んでいるおばあちゃんでした。このとき私は子育てがしやすいまちは高齢者、障がい者にとっても住みやすいのだと改めて気がつかされたのです。

子育て、高齢者、障がいと多様な福祉を縦割りに切り離して考えるのではなく、地域を真ん中に、それぞれがつながっていると考えることが必要になってきています。だとすれば、バラバラに新たな機能を増やすことよりも、今していることの中で、横ぐしを通したり、許容を広げたりしながら、できる役割を担っていく視点がこれからは必要です。まちづくりに組み込まれた子育て支援。そんな新たなチャレンジをみんなで一緒に考えてみませんか。

第 III 部

子どもの精神保健とその課題

第 **8** 章

子どもをとりまく生活環境と心身の健康

瀬野由衣

本章ではまず、世界の子育て、そして日本で育つ現代の子どもの生育環境を概観しながら、子どもの発達と環境との関わりについて考えます。続いて、近年、生活メディアの一つとも指摘されているスマートフォンをはじめとした電子機器の利用実態とその影響について取り上げます。本章全体を通して、子どもが健やかに育つために大切な基本とそれを支える保育、養育環境について考えていきましょう。

第１節　環境の力と子どもの発達

1）子どもの育ちの基本

皆さんは、「ベイビーズ：いのちのちから」というドキュメンタリー映画を観たことがあるでしょうか。ナミビア、モンゴル、日本、アメリカの各国で、一人の赤ちゃんが生まれ、１歳になるまでの成長を記録した映画です。自然環境、衛生環境、労働環境が日本とまったく異なるナミビアとモンゴルの子育ての様子は、我々の常識をくつがえす「大胆さ」です。この映画を授業で視聴すると、オムツやおしり拭きもなく、地面の石を普通になめている赤ちゃんの姿に、学生たちは唖然とします。日本で標準的になされている「安全・衛生管理」は、世界共通ではないのです。一方で、国による違いはありつつも、赤ちゃんたちは、共通の発達過程をたどっていきます。寝返りをし、お座り、はいはいをへて１歳頃に立ち上がろうとします。周囲のものをなめていじって声を出し、年長者がすることを模倣して、その国で生活する一員になっていくのです。ナミビアの子どもは、頭にモノを載せて歩くお兄ちゃんの姿を見て、自分も同じように頭にモノを載せようとします。「こうしてみたい」「こうなりたい」という願いやあこがれをもって人が育っていく普遍的な姿を実感することができます。

さらに、人が生き物である以上、食べて、寝て、出して（排泄して）生活することも共通です。食べ物や就寝環境などは異なっても、子どもの生命が保たれ、健やかに育つために大切な基本は、愛され、安心できる環境で、食べて、寝て、出すという基本的な営みが保障されることです。自分の思いを他者に伝えること、人や物との関わりの中で遊ぶことも重要です。これらを享受することは**子どもの権利**であり、この権利が保障されてはじめて子どもの発達と生活（life）は守られるのです。

このような子どもの発達は、家庭をはじめとした周囲のさまざまな環境要因に支えられながら進んでいきます。ブロンフェンブレンナー（1996）が提唱した**生態学的モデル**（**図８．１**）に基づいて考えると、マイクロシステム（家族や友だち、日本では園の保育者など）は、子どもが直接関わる最も身近な環境です。マイクロシステムの安定性、すなわち、子ども自身が家族をはじめ身近な人たちに守られ、愛されているという実感をもてることが健やかな発達には欠かせません。しかし、実際にはマイクロシステムは周囲のシステムからの影響を受けています。メゾシステムはマイクロシステム同士の関係であり、家族であれば夫婦関係やきょうだい同士の関係、保護者と園との関係など、子どもにとっては間接的ですが、日常生活への影響力は強い関係性です。その外側のエクソシステムは、保護者の職場環境や教育制度、マスメディアなど、子どもにとってはより間接的になりますが、保護者の子育てのしやすさ、保育や教育の質にも関わる重要な社会的システムです。さらにその外側にあるマクロシステムは、文化の中で共有されている態度や社会的価値観、信念などを指します。マクロシステムの社会的価値観が、内にある三つのシステムに反映され、システム同士の関係性にも影響をおよぼします。システムの中身は国によって異なりますが、子どもの発達が、重層的な社会文化的環境の中に埋め込まれながら

図8．1　生態学的モデル

Santrock, J. W.（2018）をもとに作成

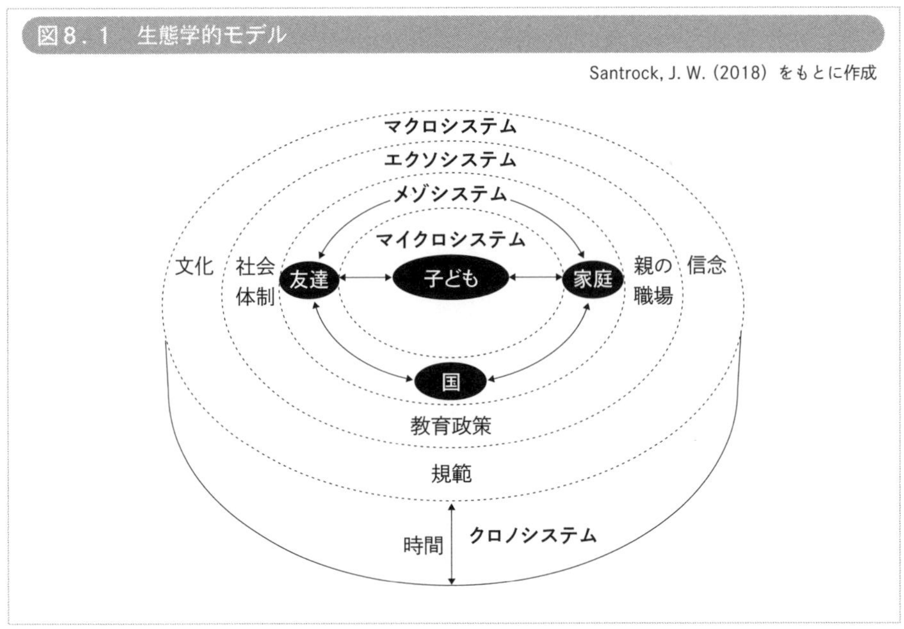

展開していくことは世界共通といえるでしょう。

2）日本で子どもを育てることは幸せ？

母子保健に関わる施策や**子育て支援**施策など、国は子どもを産み育てやすい社会を実現するための制度（**図8．1**のエクソシステムに相当）を整えようと模索しています。しかしながら、昨今の日本では、世間で標準的とよばれる一般家庭でも、ゆったりのんびりと子育てを楽しむ余裕は十分にはありません（第５章参照）。

０～２歳児を育てる母親、父親を対象にした調査（ベネッセ教育総合研究所, 2018a, 2019）では、父母の約９割が子育てに対する肯定的な感情をもっている一方で、約４～５割は「子どもがうまく育っているか不安になる」と回答しています。また、「子育てと仕事を両立しやすい社会である」（母親9.3％、父親17.0％）、「子育てに寛容な社会の雰囲気がある」（母親18.3％、父親24.5％）に「そう思う」（とてもそう思う・まあそう思う）と答える割合は低く、今日の日本の子育て環境に対する当事者たちの評価は厳しいものといえます（ベネッセ教育総合研究所, 2018a）。その背景にある要因は複合的で一概にはいえませんが、筆者は、社会全体に蔓延する、効率重視ですべてを「自己責任」に帰するマク

ロシステムのあり様が、当事者たちの“子育てのしにくさ”に反映されているように感じます。桜井（2005）が指摘するように、高度経済成長期以降、ともに生きる手段としてあったはずの子育てが、資本主義を成立させるための人材づくり（他者に迷惑をかけずにひとりでできることを基本とし、培った能力を自分自身のために使うことをめざす「強い個人」をつくること）として位置づけられ、親は「強い個人」をつくる第一義的な責任をもつという規範に囚われています。このような中では、「○○をしなかったらダメな親なのではないか」と不安になったり、逆に「○○をする親はいい親」というイメージや評価基準（モノサシ）に縛られやすくなり、子育てが一定の方向に向かう圧力が働きます。離乳食をつくっていた筆者自身にも身に覚えがあり、事例として紹介したいと思います。

事例１

離乳食づくりの本やインターネットサイトでは、離乳食期を「初期：ゴックン期（５～６か月頃）」「中期：モグモグ期（７～８か月頃）」「後期：カミカミ期（９～11か月頃）」「完了期：パクパク期（12～18か月頃）」と月齢を大まかに分けて、離乳食の進め方や注意点、調理法のアイデアなどを解説しています。そんな中、あるチラシの見出しは次のようにはじまりました。

「豆腐とほうれん草、ひき肉で、おやきをつくりました。９か月の子どもには、つぶしてあげればよいでしょうか？　つかみ食べにすればよいのでしょうか？それとも刻めばよいのでしょうか？」といった内容です。多くの母親は、９か月だし、せっかくおやきをつくったんだから「つかみ食べ」が正解かなと思うことでしょう。でも、その記事を書いた管理栄養士の方は、こうしめくくっていました。「全部正解なんです！　目の前の子どもが答えなんです。目の前の子どもの口の動きや手の使い方を見て、自由に工夫してくださいね」と。正直、筆者はこのチラシを見てとてもうれしい気持ちになりました。恥ずかしながら、離乳食の進め方に迷っていたときに、「そうだよね」と基本を思い起こさせてくれたからです。全部正解という答えに安心するのも変な話ですが、「９～10か月頃はつかみ食べ」と思い込んでいたことに気づかされ、「目の前の子どもが喜ぶやり方でよい（正解は一つではなく多様なんだ）」と後押ししてくれる助言が心強く感じられた一例といえます。

この例にも表れているように、「この時期は○○するはず」という思い込みは、ときに「この時期までに○○せねばならない」と子育てや保育を追いつめる方向性に働きます。今日の日本社会全体には目標を決めてそこに効率的に到達することを重視する流れがありますから、子育てや保育にも「いかにこの時期までに、○○をできるようにするか」という思考が働きがちです。特に離乳食づくりは子育ての悩みで上位にあがることが多く、一般とされる基準に合わせて「正解」を求めてしまいがちです。「子育ての責任が親にある（自己責任論)」としたら、ある一定の時期までに基準に到達できない場合は、我が子も保護者自身も減点されていくイメージなのでしょう。しかし、考えてみてほしいのです。果たして発達は、このような基準に照らして評価される営みなのでしょうか。

現代の子育て環境に必要なのは、能力主義で子どもの成果や到達点を求めるスタンスではなく、その子が今、できること、楽しんでいることを一緒に楽しむことはかけがえのないことだという価値観の重要性を後押しする社会全体の流れ（マクロシステム）です。こうした価値観の重要性を身近で共有し、実感できる場として、保育園の果たす役割はますます重要になっています。

第2節　子どもの生きる環境とメディア

電車に乗れば多くの人がスマートフォンを操作している時代です。今や乳幼児を育てる母親の92.4％がスマートフォンを所持しており、子どもの生育環境に一つの生活メディアとしてスマホが定着しています（ベネッセ教育総合研究所, 2018b)。その影響について現時点で断定できる実証的知見は十分ではありませんが、子育て中の親子、そしてその支援にたずさわる人たちが、研究動向を含め、スマホをはじめとしたメディアの利用実態とその影響について知っておくことは重要でしょう。

本節では、乳幼児の発達とスマートフォンやタブレット端末などの新しく登場したメディアとの関わりを中心に、① 乳幼児の利用実態と考えられる影響、

② 保護者の利用実態とその内実、という二つの観点から考えていきます。

１）乳幼児の利用実態とその影響

ベネッセ教育総合研究所は、2013年と2017年に０～６歳の就学前の子どもをもつ母親を対象に「乳幼児親子のメディア活用調査」を行っています。その結果、この４年間で、乳幼児の全年齢、特に０～２歳でのスマートフォンやタブレット端末の接触頻度が増加し、特にスマホ使用時期が低年齢化していることがわかっています（０歳：13.9％→44.0％、１歳：44.5％→64.6％、２歳：65.1％→80.4％、３歳：70.4％→77.9％、４歳：68.1％→77.8％、５歳：64.9％→73.2％、６歳：65.0％→76.0％　数値はスマホ利用に関して、「ほとんど毎日」から「ごくたまに」を合わせた比率を指す）。手軽なスマートフォンは、外出先で使用する場面が多く、写真や動画を見せるという利用方法が多くなっています。動画の内容は、実際に自分たちが撮った動画を見る割合に次いで多いのが、YouTubeや検索、ダウンロードした動画です。乳幼児が友だちと遊ぶときの一つのバリエーションとしても「一緒に動画アプリを見る」が2013年の6.6％から、2017年の14.0％に増加しています。

こうした状況に対し、保護者の意識はどうなっているのでしょうか。同調査では、テレビやゲーム機を含むさまざまなメディアに対する気がかりや抵抗感、メディア利用に関する親子間のルールやフィルタリング対策の有無に関しても調べています。まず、抵抗感に関しては、2017年調査では、テレビ番組やDVD視聴への抵抗感が２割程度とやや少ないのに対し、ゲーム機（携帯型・据え置き型）への抵抗感は７割をこえ、スマートフォンへの抵抗感も76.4％と高くなっています（2013年と同様の傾向）。保護者の気がかりも多い順に「目や健康に悪い」「夢中になりすぎる」「長時間の視聴や使用が続く」となっていますが、若い世代ほど新たなメディアに対する抵抗感が小さい傾向が見られます。その一方で、親子間でのメディア使用に関するルールづくりやフィルタリングの設定などの規制は、全体として2013年の調査よりもゆるくなっています（「スマートフォンに関する結果」視聴時間の規制：32.5％→33.5％、内容の確認：39.4％→21.5％、見るときに親に伝えるように約束：39.9％→17.7％、フィルタリングの設定：7.1％→6.2％）。スマートフォンの視聴に関しては、特にルールを決めていない親子が４年間で12.5％→22.5％に増加しており、子どもが好きなように使用できる一定の環境があるといえそうです。こうした状況を鑑み、NPO法人「子どもとメディア」は、実態調査や講演などを行いながら新しいメディアとのつきあい方に警鐘をならしています。特に子どもへの影響として懸念されているのは以下の６点です（清川・内海, 2018）。① 生身の人間との接触の減少による発達へのさまざまな影響（愛着形成や自己肯定感の低下など）、② 外遊びの減少による筋力や身体操作能力のレベルの低下、③ 睡眠不足や基本的生活習慣の形成への影響、④ 視力への影響、⑤ 五感が育たない、⑥ 学びの痩せ細り（読書の減少、自分に都合のよい情報のみを入手する学び方の学習、脳の発達への悪影響）です。

これらは、高度経済成長期にテレビが導入された当時に懸念されたことと類似する部分もあり、「時代が変わっても指摘されることは同じ」と受け止める方もいるでしょう。一方でインターネットへの接続や後述する保護者の利用の影響など、新たな課題があることも事実です。現時点で乳幼児の育ちに与える長期的影響を断定することは困難ですが、発達期の子どもが育つ環境を整えることを考慮すると、スマホなどの使用方法の整理（適切な時間設定、メディア以外で遊ぶ時間の保障や視聴内容の整理（フィルタリング機能の設定などを含む））は喫緊の課題と考えられます。

2）保護者の利用実態とその内実

「スマホに子守りをさせないで！」という日本小児科医会から啓発ポスターが出されたのが2013年のことでした。乳幼児期の発達には目と目を合わせたアイコンタクトや語りかけ、子どもの要求に応じてくれる生身の人間の存在が不可欠という小児科医からのメッセージです。当時、スマホを所持していなかった人も、子どもの成長とともにLINEやアプリを使用する必要性が増し、所持するに至る人が多いのではないでしょうか。2018年の調査では、乳幼児を育てる約半数の母親が何らかの形でスマホを育児場面で利用している実態が報告されています（橋元・久保・大野, 2019）。最も多いものから順に「電車やバスなどの公共交通機関やレストランなどの公共の場にいるとき」(51.2%)、「家で静かに過ごさせるため」(50.5%)、「怒ったり不機嫌なお子さんをなだめたり、落ち着かせるため」(49.5%)、「自分が家事をするときの子守り代わり」(49.5%) となっており、特に自己主張が強くなる１、２歳児期を中心にスマホで子どもの注意をひきつけ、気持ちの切り替えをうながすことが多いようです。こうしたスマホ育児の現状に関わって、近年、国内外で研究が盛んに行われてきています。

McDaniel & Radesky（2018）は、家庭での親による電子機器（テレビやスマホ、コンピューター、タブレットなど）の利用時に、親が画面を閲覧する時間が親子間のコミュニケーションや交流を阻害することを「テクノフェレンス（technoference）」とよび、0～5歳の子どもをもつ保護者を対象に自己報告式の縦断調査を行っています。その結果、9割以上の親に、普段、子どもと過ごしている間に少なくとも一日一回以上テクノフェレンスが生じており、テクノフェレンスと「かんしゃくや欲求不満といった子どもの外に現れる外在化行動」が相互に影響をおよぼし合っていると報告されています。つまり、かんしゃくなどがひどく、ある種の育てにくさを有する子どもをもつ親は**育児ストレス**が大きく、そのストレスから回避するために電子機器に没頭しやすいこと、親の電子機器の使用が子どもの外在化行動をさらに悪化させることが示されています。皮肉なことに、親が育児疲れやストレスから回避する逃げ場として電子機器を使用することが（「自分を見てくれない」という）子どものストレスを強め、かんしゃくなどを悪化させるという悪循環が生じているというのです。日本でも母親を対象に調査が行われており、「こどもと一緒に食事をしているときに、スマートフォンを取り出して確認してしまう」は、全体で63.6％、「こどもと顔を合わせて話しているときに、メールやメッセージを送ってしまう」は57.4％、「こどもと話しているときに、スマートフォンが鳴ると、取り出して確認してしまう」が73.5％となっており、会話やコミュニケーションの最中にテクノフェレンスと類似の現象が生じていることが指摘されています（橋元・久保・大野, 2019）。

さらに、ここで注目したいのは、日本の調査でも、育児ストレスが強い母親ほど、スマホをはじめとした電子機器への依存傾向が強いという結果です。その背景にはさまざまな事情があると想像できますが、一例として筆者が発達相談で出会った事例を紹介します。

事例2

母親は、慣れない場所、はじめての場所、苦手なことを前にすると固まってしまう保育園に通う5歳の女の子のことで相談にきました。小さい頃からこのような傾向はあって、保育園の泥んこ遊びでも、じっと隅の方に隠れていたようです。連絡帳でその様子を知り、いつもひっこみ思案で怖がりな我が子に、「あー、またか」と残念な気持ちになってしまうことの繰り返しの日々でした。先日も、「お当番のときに大きな声で皆に向けてことばを発せなかった」ことを知り、小学校のことが心配になってしまいました。インターネットでいろいろ調べたときに「**場面緘黙**」ということばが出てきて、該当するのか心配になって相談を申し込みました。

この事例の母親は、とてもまじめで子育てに一生懸命です。相談時には、**発達障害**の可能性も含めてさまざまな心配を打ち明けてくれましたが、その情報源の多くはインターネットで検索したものでした。SNSには不特定多数の情報が寄せられ、その真偽も定かではありません。特に、「おとなしい」「発達障害」など、いくつかキーワードをあげれば、さまざまな可能性も含めて膨大な情報が出てきます。こうした情報に助けられることもときにはあるかもしれませんが、現状や未来への不安をあおることの方が多いように思います。その結果、その子の今の状態や気持ちを感じとる余裕もないまま、心配だけが増幅していく悪循環におちいります。決して子育てから逃避しているわけではないのに、まじめで一生懸命な母親であるがゆえに検索に没頭し、「目の前に、今、いる子ども」の姿が見えなくなってしまうのです。「私がしっかり育てなければ」と責任感が強くなればなるほど、こうした傾向も強くなると思われます。スマホなどの利用実態から見えてくるのは、母親たちが孤立した子育て環境で悩み、SOSを発しているという内実ではないでしょうか。

第3節　発達初期への教育・援助の重要性
――子育て支援への視点

1）子育て環境を支える保育の力

ここまで、主に現代の日本における子育て環境をめぐる課題について考えてきました。今日の子育て環境に必要なこととして、子どもが心身を使って目一杯遊べる環境を整えること、子育てがつらくなる前の早い時期に保護者がインターネットの「情報」だけでなく「目の前にいる子ども」を軸にして対話できる場に出会うことがあげられます。この基本に立ち返ったとき、保育園という物理的、そして社会的環境の重要性が改めて見えてくるように思います。

当たり前のことですが、「保育園（認定こども園や幼稚園を含む）」は生身の子どもが集う物理的な場所です。スマホをはじめとした電子機器が子どもの遊びの質を変えているとしても、保育園では園庭で遊んだり、散歩に出かけて地域の人や身近な自然とふれあったりすることができます。感染症や一人ひとりのアレルギー対応などを含め、安全で健康に子どもが生活するための園内・園外環境の点検や確認、報告、情報共有は徹底する必要がありますが、子どもたちが集団の中で育ち合うことができる唯一の場といっても過言ではありません。身近に子育てについて相談できる仲間がいない保護者が、保育者や他の保護者と子育ての大変さ、その子らしい姿（かわいい姿や困った姿）について顔を合わせて話すことができる場でもあります。インターネット上の書き込みではなく、以下のような実態のあるやりとりができるのです。

・（忙しく、余裕がないためきちんとした朝ごはんを食べさせられていないと落ち込む母親に対して）「バナナを食べてきてれば大丈夫だよ！　お母さん、よくやってるよ！」
・（基本的生活習慣に関して、健診で見直すように言われた保護者に対して）「確かに、早寝早起きは大事だよねぇ。でも、お父さんの仕事が夜勤もあったり、シフトもいろいろで、それにどうしても生活が左右されちゃうよ。昨日は久しぶりにお父さんとお風呂に入れて、○○ちゃんもうれしかったんじゃないかな。大丈夫、○○ちゃんが眠たくなったら、保育園で眠れるからね。できることを一緒に考えよう」

こうした保育者のことばかけで、保護者はほっとひと息つくことができ、家庭で我が子に向き合うときのゆとりやエネルギーになります。保育園の存在は、保護者にとって本当に大切なのです。

一方で、保育の環境づくりには、地域の実情や予算の問題（人員配置や保育環境の見直し）などさまざまな課題もあります。園庭が広く、子どもたちが伸び伸びと遊べる園もあれば、狭い園舎やマンションの一室を使った保育環境で、散歩だけが外に出る唯一の機会になっている園もあります。近年、保育園での散歩中の事故のニュースが話題になりましたが、保護者からの強い要望で散歩をとりやめた園もあると聞かれます。命を守るための徹底した**安全管理**が求められる一方で、子どもが楽しく過ごすことができる環境づくりを進めたいというジレンマで悩んでいる保育園が多くなっています。

もちろん、園内・園外環境を見直し、危険度が高いと判断された場合は、散歩コースを見直したり、散歩に代わる遊びに工夫を凝らす必要があるでしょう。保育者の人員が少ない場合もしかりです。しかし、「道路は危ないから散歩をやめる」と即断するのではなく、園の現状や資源を確認した上で「子どもたちが安全に散歩を楽しめるにはどうしたらよいか」を保育者が保護者と一緒に考えることが何よりも大切なのではないでしょうか。たとえ散歩をやめる判断をしたとしても、「なぜ散歩をするのか」「子どもたちにとって散歩がもつ意味」を一緒に考えることが、保護者が子どもの育つ環境について考える機会を提供します。

ある母親は、園庭のない保育園で過ごす１歳の息子がバギーに乗って散歩に出かけることに、当初、「意味があるのか」と考えていたそうです。ところが、保育園の散歩コースの近くを親子で歩いたときに、息子が保育園近くの犬を飼っている家をよく知っていたり、石がたくさんある道や花が咲いている場所を指さしでうれしそうに教えてくれることに驚いたといいます。そして、散歩をしながら、日々、保育園の先生がたくさんの語りかけをしてくれていること、毎日の散歩の様子を保護者に伝えてくれることに感謝の気持ちがわいてきたと語っています（grape編集部, 2019）。１歳児にとって、「知っている」世界が広がっていくこと、それを大切な人と共有できることの喜びはかけがえのないものです。このように、日々の保育でなされていることの意味を保護者と共有することもまた、子どもと親を支える**子育て支援**なのです（第12章参照）。

2）逆境を克服する――レジリエンスを育てる

第１節で、現代の子育て環境に必要なのは、その子が今、できること、楽しんでいることを一緒に楽しむことはかけがえのないことだという価値観の重要性を後押しする社会全体の流れであることを強調しました。施策や制度といったハード面の充実が欠かせないことも事実ですが、保育園で子どもたちが楽しく過ごしている姿を見ることが、保護者の心の安定につながります。

保護者の**レジリエンス**を育てるというと、ストレスや不安を跳ね返す力、復元力を育てるというイメージがわきますが、その人がもともともっている力をひきだし、**エンパワー**していくことも大切ではないでしょうか。その際に参考にしたいのは、「ゆるめる」発想（桜井, 2012）です。長年、**不登校**などの子どもの声に耳を傾けてきた桜井（2012）は、「緊張している子どもの緊張がゆるんだら、関係性に守られたら、どの子どもにも本来の潜在的な力が戻ってくる」と述べています。同様のことは、保護者にもいえるのではないでしょうか。虐待などが関わる複雑なケースは別として、まじめで「こうせねばならない」と自らを追いつめがちな保護者には、「せねば」発想をゆるめ、本当に大切な基本を確認することが重要でしょう。

保育園での子どもたちの遊びと生活の様子を実際に見て、園の保育で大切にしていることや乳幼児期の発達的特徴を伝えることも大きな意味があります（常田, 2019）。その上で「この基本さえ外さなければ大丈夫」という子育ての大まかな指針を伝え、具体的な子育てのモデルを見せていくことが、追いつめない子育てにつながるのではないしょうか。子どもの命を守ること、栄養を与えること、遊びと生活を通して子どもを健康に育てるという基本軸を保護者と一緒に確認することが、多くの保育園で可能になることが望まれます。

一方、昨今の保育園では、**感染症対策**や安全管理などの課題、負担がますます重くなっているのも事実です。子どもを一緒に育て、保護者自らも育っていく場として保育園の重要性を改めて確認するとともに、保育者が笑顔で働きやすい環境を整えていくことが重要な課題です。

● 引用文献

ブロンフェンブレンナー，U.（磯貝芳郎・福富護 訳）（1996）人間発達の生態学：発達心理学への挑戦，川島書店
ベネッセ教育総合研究所（2018a）乳幼児の生活と育ちに関する調査 2017
ベネッセ教育総合研究所（2018b）第２回 乳幼児の親子のメディア活用調査報告書
ベネッセ教育総合研究所（2019）乳幼児の生活と育ちに関する調査 2017-2018
grape編集部（2019）「保育園はお散歩を控えるべき？」Twitterで公開された漫画にハッとする https://grapee.jp/674355 （閲覧日 2020年４月13日）
橋元良明・久保隅綾・大野志郎（2019）育児とICT：乳幼児のスマホ依存、育児中のデジタル機器利用、育児ストレス，東京大学大学院情報学環紀要 情報学研究・調査研究編，35，pp.53-103
清川輝基・内海裕美（2018）子どもが危ない！スマホ社会の落とし穴，少年写真新聞社
小平さち子（2019）“子どもとメディア”をめぐる研究に関する一考察：2000年以降の研究動向を中心に，放送研究と調査，2019，69（2），pp.18-37
McDaniel, B. T & Radesky, J. S.（2018）Techonoference: longitudinal associations between parent techonology use, parenting stress, and child behavior problems. Pediatric Research, 84, 210-218
桜井智恵子（2005）市民社会の家庭教育，信山社
桜井智恵子（2012）子どもの声を社会へ：子どもオンブズの挑戦，岩波書店
Santrock, J. W.（2018）Life-span development, 17 th edition. McGraw-Hill Education
トマス・バルメス（監督）（2013）ベイビーズ：いのちのちから，紀伊国屋書店
常田美穂（2019）現代の子育て状況と求められる支援，心理科学研究会（編）新・育ちあう乳幼児心理学，第２章，pp.16-32，有斐閣

コラム３

トラブルをきっかけに保護者をつなげて

姫田史（元こぶし花園保育園園長）

６月のある朝、４月に入園した３歳児のユイのお母さんが事務室に「ユイの顔の傷のことですけど」と言って来られました。前日、朝の集まりのとき、ユイとハルが先生のとなりに座りたいと言い合いになり、ハルがユイの顔をひっかいてしまったのです。園では、顔の傷については病院に連れて行くことにしていたので、ユイのお母さんにも了解をもらって園長が病院に連れて行きました。幸い傷はたいしたことはなく、塗り薬をもらっておわったのですが、ユイのお母さんが言いたいのは、顔の傷の深さではなく、ハルの保護者から何の断りもなかったということでした。園としては、保育中に起こったことについては園が責任をもつと考えており、担任がそのときの様子を説明し、止められなかったことのお詫びをしましたが、ユイのお母さんは、ハルの保護者が何も知らないのはおかしいと言います。やりたい気持ちがたくさんあるのにまだ十分ことばで表せず、つい手が出たりかみついたりすることもあるハル。ハルのお母さんはどうしてもイライラして叱ったりすることが多くなります。園では、そんなお母さんの困り具合がわかるので、ハルのトラブル話はどうしても話さなければ、と思うこと以外は少し黙っていたのでした。

しかし、園がよかれと思っても保護者が納得できなかったり、まったく知らなかったりではいけないと考え、次の日の夕方お迎え時にユイとハルのお母さんに事務室に来てもらい、担任と園長とで話をしました。ハルのお母さんは案の定肩を落とし、ハルの至らなさを詫びています。担任が、ハルやユイは友だちと関わることが大好きで、楽しいことをしているときはトラブルが少ないので、保育の工夫もしていきたいというと、お母さん同士も少しほっとしたようでした。

はじめて我が子を「保育園」という他人に預け、仕事も子育ても「がんばらなくては」と思っている保護者にとって、他人の痛みに無頓着に見える相手は理解不能な「敵」に思えるかもしれません。保育園は、保育を通して子どもの人間らしい育ちを保障するだけでなく保護者同士が安心してつながっていけるような場になることが求められていると思います。あれから３年、ユイはお姉ちゃんになり、お母さんは保護者会役員もしながらもう一人子どもがほしいと言っています。

第 **9** 章

子どもの心の健康に関わる問題

岡田倫代

皆さんは、保育所や幼稚園、こども園で、次のような子どもたちに出会ったことはありますか。「朝、いつも泣いている」「いつも目をパチパチしている」「いつも髪の毛を触っている」「なぜかいつもオドオドしている」「モジモジしながら何かを訴えている」……このように、一見、わけのわからない行動をとる子どもたちがいます。では、どのように関わればいいのでしょうか。関わる前に、まずはその子どもたちのことを理解することです。ここでは、幼児期によくある気になる行動を取り上げました。それぞれをエピソードという形で紹介し、解説と対応をまとめました。なぜそのような行動をとるのか、心の中では何が起きているのか、またそうした子どもや養育者とどのように関わっていけばいいのかを一緒に考えていきましょう。

❶ 分離不安

エピソード 「ママと一緒にいたいよう！」 ママがいないと一人では行動できない。
（アイちゃん／４歳児クラス）

アイちゃんは、毎朝、登園するとママから離れません。ママは、「アイちゃんは、もうお姉ちゃんでしょ。帰りにアイちゃんの好きなお菓子を買ってあげるから。がんばって行こう」となだめますが、まったくママの言うことをきいてくれません。ママが離れようとすると、ますます泣きじゃくり、ママも離れられなくなってしまいます。先生が誘っても、泣きじゃくり続ける状態が数週間、続いています。結局ママが根負けし、何度も降園しました。自宅に帰ると、アイちゃんはケロリと機嫌よくままごと遊びをしています。ママはアイちゃんにたずねます。「アイちゃん、明日は一人で行ける？」。アイちゃんは、決まって答えます。「明日は、一人で行けるよ」。でも朝になると同じ状況が繰り返されるのです。アイちゃんが一人で行けるように、アイちゃんの好きなお人形を通園バッグに入れたり、おまじないをかけたりと、ママもいろいろと工夫をしています。でもいざ園に着いてママと離れる場面になると、アイちゃんは、決まって泣いてママを離してくれなくなるのです。

解　説

家では、機嫌よく一人で遊んでくれる子どもなのに、園では、一人でいられない子どもの心の中では何が起きているのでしょうか。実は、最近彼女に弟ができました。弟ができる前までは、母親の独り占めができました。しかし、まだ手がかかる弟に母親の時間が多くとられてしまいます。そのことが影響しているのかもしれません。

子どもは誰でも母親と離れるのは不安です。赤ちゃんは、生後半年をすぎると人見知りをするようになります。そして8か月頃、母親が見えなくなると不安になり泣いてしまいます。これを**母子分離不安**といいます。この頃の赤ちゃんは「ママの姿は見えないけど、ママはすぐに自分のところに戻ってくる」という見通しがつかないため不安になるのです。やがて大きくなるにつれて「ママはすぐに戻ってくる」と理解でき、2歳をすぎると、母子分離不安は、おさまるといわれています。そしてはじめての登園では、母親と離れるのがイヤで大泣きします。しかし、それも次第に落ち着いて、園での生活を楽しめるようになっていきます。このような経験をしながら子どもは成長していくのですが、まれに親との分離不安がうまく克服できずに身体の症状として現れ、**不登校**に至ってしまう例もあります。

人間は生涯を通して、常に何らかの不安を抱きながら生き続ける存在ですが、その不安の質は生涯過程の発達段階により多様な様相を呈します。母子分離が順調に行われずに長引くと、子どもも母親もお互いに離れることが不安となり共依存関係になってしまうかもしれません。子どもが登園しぶりをした場合、園に子どもがイヤな問題がありそうに見えるかもしれません。しかし、それは一つのきっかけでしかない場合が多いのです。

〈子どもの不安が原因の場合〉

自分が園に行っている間に、弟が母親を独占するのではないか、自分が園に行っている間に何か恐ろしいことが起こって母親がいなくなってしまうのではないか、などという恐れが根底にある場合もあります。このような分離不安は、子どもが完璧主義的あるいは拒否的な母親にとりすがろうとすることなどから生まれることもあります。

〈主たる養育者の不安が原因の場合〉

主たる養育者（このエピソードでは母親）の子どもへのすがりつきから起こることもあります。この母親は子どもが自分から離れようとしないと言っていますが、実は母親の方が、子どもが自分にすがりつくことに満足感を抱いていることも珍しくありません。子ども側の分離不安を助長するような言動で、無意識的に子どもの自立を阻んでいたり、「今日は寒い。風邪が悪化するといけないから……」と園を休ませたりする事例もあります。子どもが分離不安を呈しても、母親が**安全基地**としての機能を十分に発揮できれば、子どもの不安は吸収され安定していきます。しかし分離不安が過度に重く、母親がうまくその不安を受け止められない場合、母親への援助も必要になってくるのです。これには、**愛着**の形成発達過程が関連しているといわれており、愛着対象の喪失や災害、転居、両親の離婚などの環境変化が契機となるようです。アイちゃんの場合は、弟ができたという環境の変化が原因となっていたのかもしれません。

対　応

では、どのような対応が求められるのでしょうか？　まず、子どもの不安に焦点を当てながら、母親が子どもの不安に対してどのように対応しているかを観察します。

・子どもの不安の強さはどのくらいなのか
・子どもが母親とどのくらいの距離を置いているのか
・母親の不安の強さはどのくらいなのか
・母親は子どもの不安行動にどのように対応しているのか

分離不安への対応においては、まず、親子の適切な距離を保つことをめざします。すなわち甘えを助長するだけだからと、無理に突き放すことは決してよくありません。離れていても親は自分を見守ってくれている信頼できる存在であることを、子どもが理解し認識できるようにすることが一番です。基本的には、親が子どもの不安な気持ちを受け止めることが大切です。そのためには、親自身が不安にならないように心がける支援が不可欠です。

親から子への具体的対応としては、子どもと「○時には、お迎えに来るよ」などの見通しのある約束をして、必ず約束した時間にはお迎えに来ることや、「おまじないのハグや握手」などをして子どもの不安を和らげるといったことが考えられます。そして、子どもが約束を守ることができたり、ハグや握手をしてちゃんと一人で教室に行けたら、思いっきりほめてあげることです。小学校入学時に不安を呈した子どもの場合、本人と相談して母親の写真と母親のハンカチを、そっとポケットにしのばせて登校し、うまくいったケースもあります。

❷ 選択性緘黙／場面緘黙

エピソード　家では普通に大きな声でお話しできるのに、園に来ると声を出さず、お友だちともしゃべらない。　（リエちゃん／3歳児クラス）

リエちゃんは、お行儀よくおとなしい子です。静かにお友だちとも遊んでいます。ただ園では一切声を発しようとしません。いつも受け身で、お友だちから話しかけられても、うなずいたり首を振ったり、目玉を動かしたりして意思表示をしています。先生が話しかけても、一切声を出しません。しかし、登園をしぶることなく毎日元気に登園します。家では、ごく普通にしゃべっているそうです。ママもパパも、家で元気なので、そのうち話すようになるだろうと楽観的に考えていましたが、いつまでたっても園で話すことはないようです。ママの話では、「家以外では、自分の声を聞かれるのが怖い、声を出そうとしても、のどがぎゅっとしめつけられて話せないみたい」とのことでした。この状態は苦しいはずです。このまま様子を見ていていいのでしょうか。

解　説

家庭など安心できる場面では話ができるのに、園ではできない子どもがいます。自分の意思とは関係なく、声を出そうとしても出せなかったり、実際に話ができなくなってしまう状態です。決してわざと声を出さないようにしているわけではありません。これを**選択性緘黙**（**場面緘黙**）といいます。これはしゃべらないことで、不安や恐怖から自分自身を守ろうとしている行動です。発症は、通常５歳未満といわれていますが、社会的交流や音読などのような課題が増える小学校に入るまで、気づかれないこともあります。また、異なる言語を話す国に移住する家族では、新しい言語に関する知識の欠如から、そのことばを話すことを拒絶する場合もあり、**文化的背景**も考慮しなければなりません。「おとなしいだけで放っておいたらしゃべるようになる」「お母さんの心配しすぎ」「過保護だから」「わざとなのではないか」「表情が豊かで非言語コミュニケーションができるから心配ない」などといった誤解も多くあります。少しだけ声を出して話せる子どもも存在するので、まわりの理解が得られにくい場合もあります。適切な支援を受けられずに成長すると、**不登校**や**対人不安**などの問題も生じてくる場合もあるのです。

対　応

基本的な対応としては、次のようなことがあげられます。

- **何よりも話せないということで本人を責めない**
- **話すことをせかさない**
- **少し声を出せたとしても、注目しない**
- **本人ががんばっていることを、たくさんほめる**

次に、子どもが安心して声を出せる環境をつくることです。ある園の先生は、先生と二人だけの、その子どもが何でも安心して行動できる場所をつくりました。すると先生の耳元でなら、ささやき声で話せるようになったそうです。ある先生は、クラスのみんなが笑顔になれるように、そしてその子が声を出さなくても参加できるゲームを取り入れました。そうすることで、お友だちみんなが楽しい雰囲気になり、声を出さなくても参加できる安心感をつくりました。するとゲームをしながらクスクス笑うようになったそうです。

それでも、なかなか症状が改善しない場合は、早めに**不安症**や**発達障害**にくわしい医師や心理士、言語聴覚士に相談することもおすすめです。その後、専門家と家庭と園が協力して、子ども自身が自信をもてるように、あせらず根気よく見守るようにしていくことが大切です。

❸ チック関連（吃音、爪かみ、指しゃぶりなど）

エピソード **ことばにつまるようになってから、目をパチパチさせることが多く、手の爪も足の爪も極端に短くて痛そう。**

（ケンちゃん／5歳児クラス）

ケンちゃんは、3歳の頃は元気に遊び、大きな声で歌も歌っていました。しかし年長になり、少し元気がなくなりました。仲のいいお友だちに「ふざけてしゃべるな！」と言われたことがきっかけです。その頃から、ケンちゃんは、自分には吃音があると自覚しました。いつもの会話で「でででても……」「ぼぼぼぼくが……」と最初の子音を繰り返してしまいます。同時に爪をかむようになり、目のパチパチも出てきました。ママは「ちゃんと言ってみて！」「はっきり発音してごらん！」「目をパチパチしないの！」と注意してきましたが、改善されませんでした。心配して悩んだママは病院を受診しましたが、「心配しないでください、すぐ治りますよ、決して指摘せずに様子を見てください」と言われたそうです。それから2か月がたちました。ケンちゃんの様子は相変わらずで、爪かみも手だけでなく、足の爪にまでおよんでいます。ママは、このままではいけないのでは、と気が気ではありません。

解　説

ケンちゃんの状態を整理しましょう。まず、**吃音**（きつおん）があります。吃音は言語リズムの障害です。発声発音に関する筋肉の痙攣によるもので、ときに顔をしかめたり、舌を出したり、手を握りしめたりといった随伴（ずいはん）運動をともないます。子ども自身ではコントロールできません。苦しいわけでも、ふざけているわけでも、わざとでもありません。吃音は男児に多く、① 最初の子音を反復するもの（k-k-k-k-kutsu）、② 最初の音節を反復するもの（ku-ku-ku-kutsu）、③ 反復せず最初の子音を長引かせるもの（ku---tsu）などが見られます。吃音が起こるのは2～5歳頃で、つまずきを親が許容せず、口やかましく干渉し矯正しようとした結果、かえって強まってしまうことがあります。受診して、医師に心配ないと診断されたなら干渉せず見守ることが大切です。もし医師からの指示で、言語聴覚士などを紹介されたら、それにしたがう必要があるかもしれません。

次に、**チック**とみられる症状があります。チックの中には脳波的に何らかの異常を認める場合もあるようです。チックには、「まばたきをする」「顔をしかめる」「首を振る」「肩をすくめる」などの運動チック、「咳払いをする」「鼻をクンクンさせる」「アッ、ウッなどの声を出す」などの音声チックがあります。さらに持続が１年以内の一過性チックと、１年以上の慢性チックに分けられます。中でも多様性の運動チックと一つ以上の音声チックを有する場合は、トゥレット障害と診断されます。遺伝的な要因と環境的な要因が絡んでいるといわれています。

このうち、ケンちゃんに見られる**爪かみ**は、口にバイキンが入る、爪が変形してしまうなどとの心配から、そばにいる大人としては一刻も早くやめさせたいものです。しかし、爪かみは、自分自身の緊張を解きほぐそうとする自律的機能の現れであり、動作が落ち着かない情緒的緊張に基づく症状の一つなのです。すなわち子どもは、爪をかむことで自分の心のバランスを保とうとしているのかもしれません。爪の代わりに指や手の他の部分の皮膚をかんで、傷をつくっていることもよくあります。大切なことは、爪をかまなくてはいられないような不安や緊張を除去することなのです。

一方、**指しゃぶり**は、子どもが退屈で、特に何もすることがない場合のおだやかで満足した暇つぶし的行動です。指しゃぶりをやめさせようと、警告や処罰的行動をすることは、あまり効果はありません。

対　応

基本的な対応としては、次のようなことがあげられます。

〈放っておく。指摘しない〉

「やめなさい！」と制止の努力を強要することはあまり意味はなく、新たなチックや爪かみの誘因になるので要注意です。といっても、一切ふれないようにと、まわりが緊張して本人を無視するということではありません。

〈あたたかく見守り、子どもと遊ぶ時間をつくる〉

子どもを抱っこしたり、スキンシップをすることが大切です。ときには、赤ちゃん返りにつきあいます。

〈ストレスをなくす〉

子ども自身のストレスもそうですが、親の心配や不安、イライラをなくすことも大切です。もしくはストレスへの対応がうまくできるように、見守り支援していくことが大切です。また、吃音の場合は、話をすることや歌を歌うことが、子どもにとって楽しいと思えるような働きかけをすることが大切です。子どものペースに合わせた会話を心がけること、一緒に音楽に合わせて歌うことなども、ことばがスムーズに出ることにつながります。

❹ 夜泣き、夜驚（やきょう）、夢遊病など

エピソード **夜中に、何かにとりつかれたように泣き走りまわる。ママは、原因がわからないまま、園でのストレスがあるのでは、と心配している。**

（ショウちゃん／５歳児クラス）

ショウちゃんは、最初は、夜中にむっくり起きて、何かぼそぼそとひとり言をいい、ママの問いかけにはまったく反応せず、ぶるぶる震えていました。そのうち突然、夜中に急に起き上がり、泣いたり何かに怖がったりして、部屋の中を走りまわるようになりました。手をたたくような奇妙な動作をしたり、キャーキャー騒ぐので、ママは何かの病気かストレスがあるのかと心配しています。落ち着かせようと、名前をよんでも、ちゃんと目を覚ますことなく、また寝入ってしまうのです。朝になると、一切覚えていないらしく、ママは「園でのストレスが原因かもしれない」と心配しています。園では、元気いっぱい、午睡も順調で中途覚醒もありません。行動に関しても特に問題はありません。

解　説

夜泣きは、養育者が声をかけたり、電気をつけたりすると目を覚まし、ずっと泣き続けますが立ち上がってしまうことはありません。夜驚（やきょう）は、**睡眠時驚愕（きょうがく）症**といわれ、睡眠から突然覚醒することが反復して起こることで、通常は恐怖の叫び声、または泣き声ではじまります。睡眠中のあらゆる時間帯で起こりますが、通常は睡眠時間帯の三分の一の間に起こり、１～10分、もしくは長く続くこともあります。ノンレム睡眠からの中途半端な覚醒が原因で、自律神経系の緊張と行動面での強い恐怖の表れをともないます。心拍数は増え、大汗をか

き、呼吸も荒くなり、ときには嘔吐することもあります。その際、子どもにどんなことばをかけても落ち着きませんが、成長とともに落ち着いていくことが多いようです。

夢遊病は、**睡眠時遊行症**といわれ、ベッドやふとんから起き上がって、あたりを見渡したり、毛布やシーツをつかんだりすることからはじまり、部屋の中を歩きまわったり、部屋を出たり、トイレに行ったり、またクローゼットやくずかごの中に排せつしたり、脅しのようなものから死にもの狂いで走って逃げたり、食べたり、話したりすることもあります。しかし、子どもは何も覚えていないのです。また、年齢が増すにつれて頻度が低下していきます。原因は不明ですが、脳機能が部分的に覚醒することによって起こるようです。昼間の**ストレス**や興奮、疲労も関係あるかもしれません。

対　応

突然、子どもが悲鳴をあげて起き上がり、部屋をうろうろするとき、基本的な対応としては、次のようなことがあげられます。

〈成り行きを見守ることが大切〉

子どもが部屋を出て階段から落ちたりすることもあるので、ケガしたり、事故を起こしたりしないように安全策をとっておくことが大切です。部屋から出ないように、ドアや窓にカギをかける、危険なものを近くに置かないなどの注意が必要です。

〈昼間にあまり興奮させないようにしておく〉

このエピソードでは「園でのストレスかも」と、子どもと離れている母親は心配しています。昼間の興奮には、恐怖や不安だけでなく、興奮するほど楽しい体験も含まれます。遊びの中でも子どものストレスを取り除きリラックスさせておくことが重要です。園での子どもの遊びの様子を親にくわしく伝えることも大切です。

❺ 作話、虚言

エピソード　よくウソをついているので、お友だちから信頼されなくなるので

はないかと心配。　（エミちゃん／４歳児クラス）

エミちゃんは、「昨日、パパとママと飛行機に乗ってディズニーランドに行ってきたの」などと、園に来ていたにもかかわらず、ウソをついてしまいます。お友だちは「いいなぁ。飛行機乗ったの？」「ミッキーに会ったの？」と興味津々です。それに対して、エミちゃんは、また得意げに答えています。先生が「昨日は、幼稚園にいたけど、いつ行ったの？」ときくと、「幼稚園から帰ってすぐ、ほら、おみやげも買って来たの」と言って、お菓子を渡してくれます。しかしその事実はないし、ママに確認しても、事実は認められないので困っています。

解　説

子どもは、２歳から３歳になると、いろんな空想や想像で自分の遊びをつくっていけるようになります。いわゆる**作話**です。ファンタジーの世界で遊べるようになっているのは、心の育ちが健康である証拠ともいえるのです。アニメのキャラクターが自分のお友だちになったりするので、想像していることがことばで出ることもあります。エミちゃんの場合、ディズニーランドに行ったときの楽しい思いがまだ残っているのです。それが「今日」となるとウソになるのですが、楽しかった思いは本当なのです。

ウソというよりも、想像の世界と現実とが混ざり合っているのかもしれません。子どものウソは、「人の注意をひこうとするウソ」「自分の失敗を隠そうとするウソ」「自分の空想や願望がふくらんだ結果のウソ」など、誰もがそのようなウソを経験して大人に成長するもので心配は無用です。ウソかどうかを追及するよりも、子ども自身が不安なのか、甘えたいのかなど、子どもが発している他のメッセージに注意を向けることが大切です。ただし「ウソをついたらうまくいった」成功体験を積ませることは避けなければなりません。本当のことをいえばちゃんとほめられるという体験が心の満足感につながるのです。

一方、**虚言**は、自ら述べていることばが虚偽であることを知っており、何らかの利益を得るとか、不快なことを避けたいという目的に基づいています。「自衛のためなのか」「大人の模倣なのか」「他人に非を向けるためなのか」「賞賛や利益を得るためなのか」を見きわめる必要があります。

対　応

基本的な対応は、ウソの主な原因となっている動機づけの除去に向けられます。

・ウソをいうと罰せられる威嚇は逆効果になる

・真実を語った方が自分に有利になることをさまざまな形で伝える

子どもがウソをつく必要を感じとる機会を与えないように環境を整え、「ウソを言わなくても『○○して』と言えばいい」と伝えることが大切です。

❻ 食物の制限・回避（摂食障害）

エピソード　**なかなか食事が進まない。このままではちゃんと成長してくれないのでは、とママは心配。**（マユちゃん／5歳児クラス）

マユちゃんは、とても元気な女の子です。しかし給食の時間になると元気がなくなります。家でもあまり食事が進まないので、ママはマユちゃんの成長を気にしてバランスのいいものを無理にでも食べさせようとしています。しかし、マユちゃんは、がんばって食べようとしても、なかなか飲み込めなかったり、嘔吐してしまい、最後には泣いて食事を拒否してしまうのです。このままの状態が続いたら、大人になれないのではないかとママは不安でいっぱいです。

解　説

摂食障害については、近年、患者数増加や低年齢化も指摘されていますが、多くは**思春期**が好発年齢といわれています。ほとんどの幼児の場合、食事が精神的緊張下に行われ、子どもにとってイヤなものになっているのです。たとえば、よかれと思って、栄養、量、カロリーや与える時間など細かく設定し、無理にでも子どもの口中に入れないと安心できない養育者の態度が、大きく関係していたりするのです。家では食べない子どもが、キャンプや祖父母の家ではよく食べることがあります。それは場所が変わったからではなく、養育者の監視がないからです。一方、肉を一切口にせず養育者を失望させていた子どもが、養育者がそれを問題にしないようにしただけで、立派に成長し肉が大好物になったケースもあります。さらに強制的に食べさせられ、食べ物をのどにつまらせたり嘔吐してしまったエピソードも、回避のきっかけとなるかもしれません。また、**自閉スペクトラム症**があると、融通のきかない摂食行動、および味覚過敏や口腔過敏などの**感覚過敏**が存在し、食事が進まないこともあります。

対　応

基本的な対応としては、次のようなことがあげられます。

〈食事中、子どもを監視しない〉

養育者は、自分が用意した食事をとらない子どもの行動を、自分に対する攻撃または拒絶の行為と解釈してはなりません。

〈食事が楽しいと思える場づくりが大切〉

食卓が楽しい場所となるよう子どもの好きなものを中心に、きわめて少ない量から与えましょう。食器の工夫や遊び感覚を取り入れることも大切です。たとえば、かわいい食器に一口サイズに小分けして与えるだけで、何回もおかわりができるようになった子どももいます。食卓に子どもの好きなキャラクターを飾ることも効果があるかもしれません。まわりの笑顔も最上のソースになるはずです。そして、少しでも食べたらほめましょう。決して「ちゃんと食べなさい」「もっと食べなさい」などと言わないことです。なかなか食事に集中できずに食べられない子どもには、実況中継風に「今、上手にお芋を口に運んでいます」「あ、スプーンがお口に入りました」「上手にモグモグできています」「ゴックンも上手にできました。すごいです」「あ、スプーンは、次は何に向かうのでしょう」など、一緒に子どもの行動につきあいながら、決して食べることを強制しないスタンスもおすすめです。

◎ 参考文献

American Psychiatric Association（原著）日本精神神経学会（日本語版用語監修）（2014）DSM-5 精神疾患の診断・統計マニュアル, 医学書院

日本小児心身医学会（2018）初学者のための小児心身医学テキスト, 南江堂

「精神科治療学」編集委員会（2008）児童・青年期の精神障害治療ガイドライン（新訂版）, 星和書店

第10章 障害のある子どもの理解と対応

吉井鮎美

保育者には、発達障害のある子どもへの適切な対応が求められるようになっています。発達障害のある子どもの親への支援においては、障害受容の過程に寄り添った支援が重要です。本章では、まず、乳幼児期の発達障害の兆候や特徴がどういったものなのか、いつ障害に気づき、どのような流れで支援を受けることになるのか、また、親はどのように障害を受容していくのかについて考えます。その後、発達障害児がつまずきやすい日常生活のスキル（ライフスキル）について取り上げ、その援助やトレーニング方法について見ていきます。

第1節 乳幼児期の発達障害の特徴

1）発達障害とは

子どもを授かったとき、親はどのような気持ちになるでしょうか。「男の子かな、女の子かな」「どんな名前にしようかな」「親子でこんなことをしてみたいな」と期待をふくらませているでしょう。親となる人は、まもなく生まれてくる我が子に大きな希望をもっています。子どもの誕生後は、育児に悪戦苦闘しながらも、我が子の成長を楽しむ日々を送る……。ところが、「なんだかうちの子笑わないなぁ」「ことばが遅い」「泣き方が激しい」と子どもの発達上の問題に直面し、相談機関、専門機関につながっていく場合があります。一方で、「うちの子はよく寝て手がかからない」「おとなしかった」と、後に**発達障害**の診断を受けた子どもの親が乳児期を振り返って語ることがあります。発達障害は乳幼児期にどのような特徴が現れるのでしょうか。

発達障害は、アメリカ精神医学会の精神疾患の診断と統計のためのマニュアル（DSM-5, 2013）で、神経発達症群に位置づけられるものです。その中でも**自閉スペクトラム症／自閉スペクトラム障害**（Autism Spectrum Disorder：以下、ASD）、**注意欠如・多動症／注意欠如多動性障害**（Attention Deficit/ Hyperactivity Disorder：以下、ADHD）、**限局性学習症**（Specific Learning Disorder：以下、SLD）がよく知られています。ただし、就学前の時期にはこれらの診断がつくことは困難な場合もあり、さらに、複数の発達障害の特徴を併せもつ子どもが多くいることも知られています。以下に、ASDとADHDの特徴をまとめました。

自閉スペクトラム症／自閉スペクトラム障害（ASD）

DSM-5では、「社会的コミュニケーションおよび相互関係における持続的障害」「限定された反復する様式の行動、興味、活動」の二つの行動特徴の診断基準が設けられています。症状は重いものから、正常範囲内の行動特徴の偏りと診断されるものまで、連続体（スペクトラム）として存在しています（谷口, 2018）。ASDの原因はさまざまであり、症例と同じくらいの原因があるものとされています。ASDを疑う場合、日常生活（家庭、保育所、幼稚園など）での行動観察、親や保育者、教師による質問紙への回答内容が役に立ちます。

注意欠如・多動症／注意欠如多動性障害（ADHD）

ADHDは、不注意および／または多動性－衝動性を主な症状とする発達障害です。不注意の症状としては、集中できにくい、物をなくす、忘れっぽい、などがあります。多動性－衝動性の症状としては、手足をそわそわ動かす、動きまわりじっとしていられない、待てない、しゃべりすぎる、考えるよりも先に行動に出てしまうなどがあります。幼児期より症状が現れるため、保育所などの集団生活では、絵本の読み聞かせや給食の時間に立ち歩いてしまう、衝動的な行動で他児とトラブルになってしまうなどの問題が起こりやすいです（奥村, 2019）。

2）乳幼児期の発達障害の徴候

スウェーデンの児童精神科医であるギルバーグは、発達障害の診断を受けた子どもたちが乳幼児期に示す特徴について次の10領域をあげています（Gillberg, 2010）。① 全般的な発達、② コミュニケーション／言語、③ 社会的相互交渉（対人関係）、④ 協調運動／知覚－感覚、⑤ 注意、⑥ 活動性、⑦ 行動、⑧ 気分、⑨ 睡眠、⑩ 食事です。これらの領域における発達の遅れや偏りが５歳以下で６か月以上にわたって続く場合、専門家による早期介入・支援の必要性があることを述べています。ギルバーグは、幼児期のこのような特徴を「Early Symptomatic Syndrome Eliciting Neurodevelopmental Clinical Examination；ESSENCE（就学前に神経発達関連の臨床検査・診断へと導く早期徴候症候群）」としてとらえ、子どもに関わるすべての人々がESSENCEの知識をもつことが望ましいとしています。ESSENCEに含まれる症候群としては、ASD、ADHD、チック症／トゥレット症、双極性スペクトラム症、言語発達遅滞、知的発達障害、SLD、発達性協調運動障害、反応性愛着障害、行動表現型症候群（胎児性アルコール症候群などを含む）、てんかんなどがあります。ESSENCEは診断名ではなく、あくまでも子どもたちの早期の特徴をとらえるための“考え方”とされており、就学前には個々の診断が重要なのではなく、子どもたちが示す症状に対して、どのような支援を提供するかが重要だという考え方です（Gillberg, 2015）。ESSENCEの特徴について、よく見られる特徴や症状を**表10. 1**にまとめました。

3）発達障害はどこで誰が気づくのか

子どもの発達障害には誰が気づくのでしょうか。親自身の場合もありますし、通っている保育所や幼稚園の保育者が気づくこともあるでしょう。風邪をひいてかかりつけ医にかかった際に、発達障害の傾向を指摘される場合もあります。さらに、１歳６か月児健康診査、３歳児健康診査など集団健診の場で見つかることもあります。

発達障害やその傾向のある子どもは、コミュニケーションや社会性、さまざまな認知能力など、自立や社会参加の基盤を形成する乳幼児期からの適切な支

表10. 1　ESSENCEの特徴

筆者作成

	領域	主な特徴、症状
①	全般的な発達	平均的な発達のマイルストーンからの遅れ
②	コミュニケーション／言語	共同注意の問題、指さし行動がみられず、何かほしいものがあるときなど要求手段は親をその場所まで連れていく、クレーン現象（親の腕をつかんで自分の代わりにさせる）、意味のある言葉の発語が遅れるあるいはなかなか増えない、エコラリア、違和感のある声の出し方
③	社会的相互交渉（対人関係）	他者への興味が薄い、チョウダイ―ドウゾのやりとりが成立しない、ままごとなどのやりとり遊びができない
④	協調運動／知覚―感覚	歩行時のぎこちなさ、はう、くぐる、よじ登る、ボール遊びなど協調運動の苦手さ（道具に合わせて身体の調整ができにくい）、微細運動（積み木を積む、ビーズ通し、はさみの使い方、運筆など）のぎこちなさ／感覚の過敏（光、音、皮膚感覚、味覚）、または鈍麻（気温に敏感でない、ケガをしても平気）、乳児期は抱っこをイヤがり反り返る、つま先歩き
⑤	注意	一つの遊びを長く続けられず、次々に遊びが変わる、視界、あるいは耳から入ってきた情報にひっぱられ目の前のやるべき課題が続けられない
⑥	活動性	動きが多い、多弁、じっとしていられない（絵本の読み聞かせや食事場面）、大人が制止しても行動をとめられない、衝動的に動く
⑦	行動	身体を前後に動かす、手をひらひらさせるなどの常同的な行動
⑧	気分	気分変動が激しい、あるいは感情の起伏がない、表情変化が乏しい
⑨	睡眠	寝つきが悪い、途中で目が覚めるなど睡眠のリズムが整わない、昼寝をしない
⑩	食事	偏食（緑の野菜は食べない、白いものしか食べない、食感や味、においで食べたり食べなかったり）

注）Gillberg（2010）をもとに相談場面で観察されたり保護者からの聞きとりでよくあげられる内容をまとめています。

援が受けられないと、就学後の学習面や生活面、情緒不安や不適応行動などの二次障害が生じる可能性もあることから、早期から発達段階に応じた一貫した支援を行っていくことが重要であるとされています（笹森・後上・久保山・小林・廣瀬・澤田・藤井, 2010）。

2004年に制定された発達障害者支援法第五条には、「市町村は、母子保健法（昭和四十年法律第百四十一号）第十二条及び第十三条に規定する健康診査を行うに当たり、発達障害の**早期発見**に十分留意しなければならない」と明記されました。これまで、乳幼児健康診査の項目として、精神発達の状況、言語障害の有無、育児上問題となる事項などの診査により、発達障害児を早期発見することができていましたが、発達障害者支援法の規定などにより、乳幼児健診における発達障害早期発見のためのより適切なスクリーニングが求められるようになりました（厚生労働省, 2009）。

１歳６か月児健診では、M-CHAT（Modified Checklist for Autism in Toddlers）とよばれる質問紙やそれと似た質問紙が用いられることがあります。M-CHATは、英国で1992年に考案されたCHATをベースに、自閉症・広汎性発達障害の早期発見を目的として米国で開発された23項目からなるスクリーニング用質問紙で、親が子どもの現在の発達の状況について、はい・いいえで回答するものです（神尾, 2005）。M-CHATは対人的発達や社会的発達に関する行動について評価ができます（神尾, 2005）。たとえば、ASD児の幼児期に現れにくい行動である、指さしや**共同注意**に関する項目が設けられています。

保育所入所児の発達障害に気づいた時期についてたずねた調査（後上, 2007）では、対象となった214か所の保育所入所児のうち、入所前が181人、保育中が446人、乳幼児健診や就学時健診、他機関の利用時が50人、その他が17人となっており、保育中が最も多くなっていました。また保育中に気づいた446人のうちの多くが３歳児までに気づかれていました。

４）発達障害の気づきと支援の流れ

では、子どもの発達障害に気づいた場合、どのような流れで支援につながっていくのでしょうか。**図10. 1**にその流れを示しています。乳幼児健診、かかりつけ医、保育所などの気づきの場（一次スクリーニング）で発達上気になる点が見つかった後、各自治体の保健センターなどでの発達相談や親子教室などでさらに専門機関などへの受診や**療育**などが必要かどうかの判断が行われます（二次スクリーニング）。そして、必要に応じて専門医療機関での専門医の診察が行われ、必要に応じて医療機関での訓練、あるいは地域での療育として**児童発達支援**の利用をすすめていきます。親の意向や受容の段階によっては、専門医の診察を受ける前に、児童発達支援の利用開始となる場合もあります。

児童発達支援とは、児童福祉法第６条の２の２第２項の規定に基づき、障害のある子どもに対し、児童発達支援センターなどにおいて、日常生活における

図10. 1　発達障害の気づきから支援の流れ

筆者作成

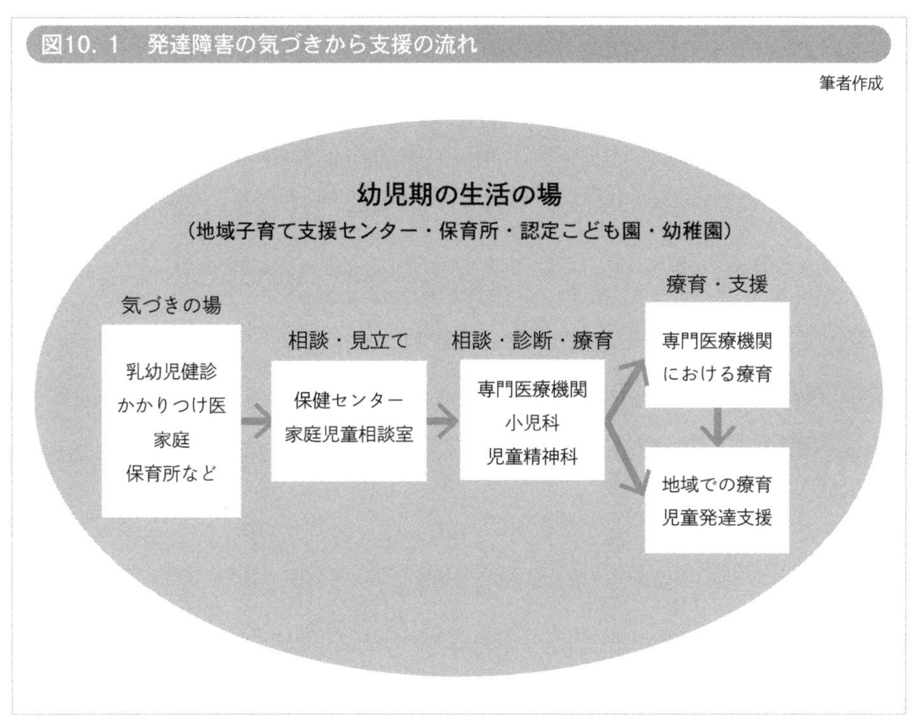

基本的な動作の指導、知識技能の付与、集団生活への適応訓練その他の便宜を提供するものです（厚生労働省, 2017）。児童発達支援が提供すべき支援としては、本人支援、移行支援、家族支援、地域支援があります。児童発達支援を利用するには、市町村の障害児福祉窓口で、障害児通所給付費支給申請書と、相談支援事業所の相談支援専門員が作成した障害児支援利用計画案を提出します（岡山県保健福祉部障害福祉課, 2019）。家族や支援者が作成したものでも可能な場合があります。また、自治体によっては医師の診断書や意見書などの書類が必要になる場合もあります。これらの書類を提出して受給者証が交付された後、事業所と契約し、通所開始となります。

表10. 2にあるように、児童発達支援を利用している子どもが保育所などに通っている場合には、連携が重要です。保育所などでの子どもの様子を伝えたり、児童発達支援で行われていることを保育所なども把握し、園での支援の参考にすることが望ましいでしょう。

現在、発達障害の診断が可能な専門医を受診するには、数か月から１年以上の受診待ちが発生していることがあります。受診希望者が増えていることに加え、地域によっては専門医が不足している場合もあります。１歳６か月児健診

表10. 2　児童発達支援の内容

厚生労働省　児童発達支援ガイドラインの概要　をもとに作成

発達支援	本人支援	障害のある子どもの発達の側面から、「健康・生活」「運動・感覚」「認知・行動」「言語・コミュニケーション」「人間関係・社会性」の５領域において、将来、日常生活や社会生活を円滑に営めるようにすることを大きな目標として支援。
	移行支援	障害の有無にかかわらず、すべての子どもがともに成長できるよう、可能な限り、地域の保育、教育などの支援を受けられるようにし、かつ同年代の子どもとの仲間づくりを図っていくこと。
家族支援		家族が安心して子育てを行うことができるよう、さまざまな家族の負担を軽減していくための物理的および心理的支援など。
地域支援		支援を利用する子どもが地域で適切な支援を受けられるよう、関係機関などと連携すること。また、地域の子育て支援力を高めるためのネットワークを構築すること。

で発達の遅れを指摘され、専門医の診察をすすめられ、受診までに長期間待たなければならないとなると、その間、親は不安でたまらない日々を過ごすことになります。そこで、各自治体で、専門機関につながるまでの発達相談や、親子教室を開催している場合もあります。

また、以前は専門医の診察後の支援の受け皿がないという問題が起きていましたが、最近では、児童発達支援を行う事業所が急速に増加し、受け皿の問題は解消されつつあります。しかし、今度は急速な増加による専門性の担保ということが課題になっています。これを解消するために、厚生労働省は児童発達支援ガイドラインを作成し、これに基づく運営を求めています。

保育所などは、その他の相談機関や療育機関と比べると、一番長い時間子どもたちと関わることになり、身近な支援の場であるともいえます。これらの現状をふまえた上で、園の中でできる援助を考えていく必要があります。

第2節　発達障害児をもつ親の障害受容

1）障害受容のモデル

これまで見てきた特徴が発達障害の早期徴候として認められることが多いのですが、はじめて育児を経験する親にとっては、「子どもってこんなもの」と気づかない場合もあり、発達障害に気づくまでに時間がかかる場合もあります。子どもの発達の遅れに気づいた親でも、はじめて子どもの発達障害が指摘されたとき、大きなショックを受けることは想像に難くありません。

障害児をもつ親の**障害受容過程**については、ドローターらの**段階的モデル**（Droter et al., 1975）が知られています。ドローターらのモデルは、ダウン症などの染色体異常や身体障害、重度重複障害など出生から比較的早期に障害が判明する場合に当てはまることが多いようです。これに対して発達障害は、障害が判明する時期が早くて１歳後半からで、就学後になって判明することもあるため、発達障害をもつ親の障害受容はドローターらのモデルには当てはまらない場合も多いのです。中田（1995）は、発達障害児の親の多くが**慢性的悲哀**（Olshansky, 1962）の状態を呈することから、段階的モデルと慢性的悲哀を統合したモデルである螺旋形モデルを提案しました。螺旋形モデルには、障害受容が螺旋のように紆余曲折しながら進むという意味が込められているようです。さらに、中田（2018）は、段階的モデルと慢性的悲哀と螺旋形モデルの三つをまとめて、次のように述べています。

> 障害告知は保護者に精神的衝撃と悲哀を与え、その回復には一定の期間が必要である。回復し表面では適応していても、悲哀が常に内面にあり、状況によって再燃する。人生の価値に対する質的な変革が生じるのは、慢性的悲哀を通して家族が幾度も心痛を経験しまた幾度もそれを自らの努力で克服するからである。子どもの障害を認めることが困難な家族においては、慢性的

悲哀は子どもの障害の否認として専門家には受け止められる。しかし、親が障害をはじめて知ったときに生じる否認と同じように、それを自然な反応として考えるべきである。

保育者が発達障害児やその保護者と関わることになる時期は、発達障害が見つかり、親は精神的衝撃を受け、その衝撃とたたかっている時期です。中田(2018)が述べるような障害受容の過程や状態があることを理解した上で、子どもたちとその親を支えていかなければなりません。

2）母親と父親の障害受容の違い

普段の生活では、日中母親が育児を担当していることが多い場合（もちろんその逆の場合もあるでしょう）、子どもの状態をよく見ている母親と、平日の朝や休日のみにしか子どもに関わることがない父親とでは、子どもの発達の遅れや特性への気づきやとらえに違いが現れることがあります。母親が子どものことばの遅れや行動の特徴を心配して夫へ相談しても「気にしすぎ」「大丈夫」と言われ、母親が自分の気づきとの間で葛藤することがあります。また、父親には内緒で専門機関に相談に行く場合もあります。このような場合には、いずれ父親母親ともに相談機関に来てもらうようにうながします。医療機関にかかる場合にも、特に診断を伝える重要な診察の場合、両親で受診をするようにうながします。医師から発達障害の診断に該当することを伝えられた後でも、「自分の子どもに限ってそんなはずはない」と思う方もいますし、就学後、特別支援学級に通うことになった後でも、受け入れられない父親（母親）もいます。両親の障害受容の状態が異なり、意見が食い違うことも出てくるのです。

さらに祖父母の理解ということも考えなければなりません。発達障害が世の中に知られるまでは、ADHDの子どもたちは、“やんちゃな子ども”ととらえられていた時期があったことでしょう。ASDの場合には、“ちょっとかわった子”ととらえられていたかもしれません。このように子どもをとらえてきた祖父母世代は、発達障害とは何かについて理解ができず、「うちの家にそんな子どもが生まれるはずはない」「育て方のせい」と親を責めたり、あるいは「大丈夫」「治る」と根拠のない励ましをしたりすることがあり、親世代がそれに苦しむことがあります。このようなことが想定されるために、祖父母には子どもの障害のことを伝えていない場合もあります。これらの状況があった場合も、保育者は、どちらかに味方するというのではなく、父母、祖父母それぞれの気持ちに寄り添い、子どもにとってよりよい方向へ導くことが望まれます。

3）障害が“治る”ことへの期待

親の障害受容の過程には、治ることを期待してしまう時期があります。“治る”とうたわれる薬や治療にすがったり、“治る”と言ってもらえる宗教にのめり込むこともあるのです。たとえそれが高額であったとしても、むしろ高額な場合に“効く”と思い込んで、購入してしまうことがあるようです。発達障害は脳機能の障害であるため、少なくとも現在の医学の水準では、風邪が治るように発達障害が治ることはありません。保育者は先ほど述べた親の障害に対する理解や受容の段階を理解した上で、正しい情報を提供していく必要があります。

第3節 発達障害のある子どもの日常生活

1）発達障害のある子どものライフスキルトレーニング

発達障害のある子どもたちは、その特性に着目したコミュニケーションの力や対人関係の力の向上に向けたトレーニングや支援が行われていることが多いです。しかし、これだけでなく、日常生活における、生活動作、食事、睡眠といった**ライフスキル**に関する面で困難をもつことも多いのです。ライフスキルに関わる苦手さを客観的に把握する方法としては、S-M社会生活能力検査第3版やVineland^{TM}-II適応行動尺度などが用いられることがあります。

これらのライフスキルの困難は将来の学校生活や社会に出て働くときにも影響をおよぼします（梅永, 2015）。梅永（2015）は、発達障害の子どものライフスキルの重要な項目として、① 身だしなみ、② 健康管理、③ 住まい、④ 金銭管理、⑤ 進路選択、⑥ 外出、⑦ 対人関係、⑧ 余暇、⑨ 地域参加、⑩ 法的な問題の10項目にまとめています。このうち特に幼児期からの課題となりやすいものとしては、身だしなみ、健康管理、住まい、対人関係、余暇、地域参加があげられます。以下では、梅永（2015）を参考に、これらのつまずきについて、家庭と保育所などでどんなサポートやトレーニングができるかを、幼児の発達や生活に即して具体的に見ていきましょう。

2）幼児期からのライフスキルトレーニング

身だしなみ

感覚過敏やこだわりによりいつも同じ服を着る、洋服に興味を示さない、汚れなどを気にしないといったことがあります。感覚過敏がある場合には、洋服のタグを取り除いたり、本人が許容できる肌ざわりのものをいくつか選んだり、着る服を２～３種類用意し自分で選ばせる、汚れなどを気にしない場合には、声をかけて清潔を意識させることが大切です。

健康管理

幼児期は特に食事や睡眠の面でつまずきが起こりやすいです。感覚の過敏さやこだわりなどから偏食が起こったり、衝動的に食べて、食べすぎてしまったりすることがあります。偏食については、食べるものだけを食卓に出すのではなく、他者と同じように食事を盛りつけ、さまざまなメニューがあることを知ることが大切です。また、保育所などでは、他児がおいしそうに食べているのを見ることで自分も食べてみようという気持ちになり、家庭よりもいろいろなものを食べられることがあります。食事の雰囲気づくりも大切です。食事量については、好きなだけ食べさせるのではなく、適量を教え、間食の調整もしていきましょう。

また、寝つきが悪い、夜中に目が覚めてしまう、朝起きられないなど、睡眠リズムが整いにくいことがあります。「寝る前の儀式」で眠るための準備をしたり（絵本を読む→おやすみなさいのあいさつをする→電気を消すなど）、寝る前には明るい光を浴びすぎないことや、毎朝同じ時間に起こすようにするといったことから睡眠リズムを整えていくとよいでしょう。

住まい

特定の好きなものを収集して片づけられない、使ったものを出しっぱなしにするなどして片づけられない、大事なものをなくす、不要なものをため込むなどがあります。道具やおもちゃを種類ごとに分けて片づけできるように、分類できる箱を用意したり、色紙は色ごとに分けたり、ラベルや写真を貼ったりして視覚的にわかりやすくするとよいでしょう。

対人関係

他児とのトラブルが起きやすい、自分が困ったときに助けを求められないといったことがあります。「貸して」「ありがとう」「わかりません」「教えてください」といった対人場面で必要なやりとりのことばを使用できるように、そのつどモデルを示したり、ことばかけをしたりしてうながします。ことばで伝えにくい場合には絵カードなどを用いて伝える方法もあります。

余暇

興味の偏りがある、集中しすぎてしまう、自由な時間になると何をしていいのかわからないことがあります。本人の興味を大切にしつつ、さまざまな体験をさせる、スケジュールを決めて楽しむ、時間に気づけるような工夫（タイマーをセットするなど）、やりたい活動を自分で決められるように、いくつかの活動を提案して選ぶようにするなどの援助が考えられます。

地域参加

病院受診時に怖くて診察室に入れない、外食時に騒いだり、歩きまわったりする、子ども会などの地域の活動に参加しにくいなどがあります。発達障害の特性を理解してもらえる病院やお店を探す（その場合には、親の会などで情報を得るとよい）、親の会や療育センターなどでのグループ活動（地域のお祭りに参加する、一緒にバーベキューをするなど）に参加して、地域社会での経験を増やすなどが考えられます。

これらのライフスキルは、乳幼児期からつまずきが見られるものですが、就学後、**思春期**、青年期、そして就職してからの課題にもつながりやすいものです。乳幼児期からの継続したサポートとトレーニングにより、子どもたちの生活の質が向上するように支えていきます。それを子どもたちの一番身近な存在として保護者とともに担うのが保育者なのです。

● 引用文献

Droter, D., Baskiewicz, A., Irvin, N., Kennell, J., & Klaus, M. (1975) The adaptation of parents to the birth of an infant with a congenital malformation: a hypothetical model. Pediatrics, 56 (5), 710-717

後上鐵夫（2007）乳幼児期からの一貫した軽度発達障害者支援体制の構築に関する研究：乳幼児期における発見・支援システムの実態調査を中心に, 国立特別支援教育総合研究所 調査研究報告書

Gillberg, C. (2010) The ESSENCE in child psychiatry: early symptomatic syndromes eliciting neurodevelopmental clinical examinations. Research in developmental disabilities, 31 (6), 1543-1551

Gillberg, C.（小野次朗 翻訳・解説）(2015）障害を見通したESSENCEという考え方, ＬＤ研究, 24, (1), pp.10-20

神尾陽子（2005）乳幼児健康診査における高機能広汎性発達障害の早期評価及び地域支援のマニュアル開発に関する研究, 平成16年度 厚生労働科学研究費補助金子ども家庭総合研究事業報告書

厚生労働省（2017）児童発達支援ガイドライン
https://www.mhlw.go.jp/file/06-Seisakujouhou-12200000-Shakaiengokyokushougaihokenfukushibu/0000171670.pdf （閲覧日 2020年７月10日）

厚生労働省雇用均等・児童家庭局母子保健課（2009）乳幼児健康診査に係る発達障害のスクリーニングと早期支援に関する研究成果：関連法令と最近の厚生労働科学研究等より

中田洋二郎（1995）親の障害の認識と受容に関する考察：受容の段階説と慢性的悲哀, 早稲田心理学年報, 27, pp.83-92

中田洋二郎（2018）日本応用心理学会 第84回大会特別講演 発達障害の家族支援における「障害受容」：その概念の変遷を巡って, 応用心理学研究, 44 (2), pp.131-138

岡山県保健福祉部障害福祉課（2019）こどもたちの育ちや自立を支援する制度について（はじめて支援制度を利用しようとするご家族向けの資料）

奥村安寿子（2019）注意欠如多動性障害の心理学研究, 北洋輔・平田正吾（編）発達障害の心理学特別支援教育を支えるエビデンス, 第８章, pp.97-116, 福村出版

Olshansky, S. (1962) Chronic sorrow: A response to having a mentally defective child. Social Casework, 43,190-193

笹森洋樹・後上鐵夫・久保山茂樹・小林倫代・廣瀬由美子・澤田真弓・藤井茂樹（2010）発達障害のある子どもへの早期発見・早期支援の現状と課題, 国立特別支援教育総合研究所研究紀要, 37, pp.3-15

谷口清（2018）発達臨床心理学：脳・心・社会からの子どもの理解と支援, 遠見書房

梅永雄二（2015）15歳までに始めたい！発達障害の子のライフスキル・トレーニング, 講談社

§考えてみよう

第８章

子どもの健やかな育ちのために、望ましいメディアとのつきあい方について考えてみましょう。

第９章

本章で取り上げた子どもの心の健康にかかわる問題が生じた際の、保育者間の連携のあり方について考えてみましょう。

第10章

発達障害の疑いがある子どもの保護者に対し、保育者が専門機関への相談を進める際に注意すべき点について考えてみましょう。

貯めるってむずかしい

うれしい？　大変？

第 IV 部

保育所・幼稚園・こども園における子育て支援

第11章

保育・子育て支援に期待される役割

常田美穂

保育所・幼稚園・こども園は、親子が最初に出会う家庭外の環境です。本書を読んでくださっている皆さんの中には、将来これらの施設に職員として勤めて、乳幼児の保育・教育にたずさわることを希望している方も多いでしょう。「保育所保育指針」「幼稚園教育要領」および「幼保連携型認定こども園教育・保育要領」には、園の機能として保護者に対する子育ての支援をすることが定められています。なぜ保育所・幼稚園・こども園では、子どもたちの保育・教育に加えて、保護者を支援することが必要なのでしょうか。本章では、保護者への子育て支援の必要性と、保育所・幼稚園・こども園が、子育て支援という観点から親子にとってどのような場所であるべきかを考えます。

第1節 親としての発達とその支援

親は、子どもを産んだという事実だけで親になれるわけではありません。実際に子どもを育てることを通して、親も「親として成長」していきます。親としての成長とは、すなわち**養育性**を身につけることだといえるでしょう。養育性とは、「相手の心身の発達や状態の改善に必要な態度・知識と身体技術（陳, 2011)」、あるいは「相手の健全な発達を促進するために用いられる共感性と技能（小嶋, 2001)」を指し、長い時間をかけた子育てを通じて獲得される成熟した人格の要素です。人が養育性を身につけていくプロセスについては、これまでさまざまな角度から研究がなされてきました。それぞれの分野から親の発達について順番に見ていきましょう。

1）発達心理学がとらえた親の発達

発達心理学の分野では、「親になることによる発達」というテーマで、子育てをはじめる前後で母親・父親にどのような心理的変化が起こるのかが明らかにされています。柏木・若松（1994）によると、子育てをすることによって、親たちは「柔軟さ」「自己抑制」「運命・信仰・伝統の受容」「視野の広がり」「生き甲斐・存在感」「自己の強さ」が増したと感じていました。しかし、いずれの面でも父親は母親よりも変化が少ないという結果でした。そこで森下（2006）は、父親と母親とでは親になることで変わる部分が異なるのではないかと考え、独自の調査項目を作成して調べたところ、3～5歳の子どもを育てている父親では、「家族への愛情」「責任感や冷静さ」「子どもを通しての視野の広がり」「過去と未来への展望」「自由の喪失」という点で変化がありました。また「自由の喪失」以外の四つの側面は、育児に関心をもつことによってうながされること、そして育児への関心は親役割を受容していることや平等主義的な性役割観をもっていること、夫婦関係に満足していること、子どもとの関係を肯定的に認識していることによってうながされることがわかりました。このことから、親は、子育てを通して、広い視野からものごとを考え柔軟に対応できるようになるとともに、自分をおさえて他者のために行動することの喜びを感じるようになると考えられます。また、こうした変化は、父親では、どのような性役割観をもっているか、夫婦関係や子どもとの関係が良好であるかどうかによって影響を受けるようです。

2）看護学がとらえた親の発達

一方、看護学の分野では、看護する対象としての親を理解するという観点から、親の特性を明らかにする研究が行われてきました。看護学では、従来、親としての認識や子どもに対する感情を表す用語として「母性・父性」が用いられてきましたが、母親と父親を区別することによって「父親は仕事、母親は家事・育児に専念する方がよい」という考えを助長し、母親に育児の負担を強いると同時に育児に参加したい父親を阻害することになるのではないかという指摘から、近年では、母親と父親に共通する親の特性を示す**親性**という用語が使われるようになりました。

大橋・浅野（2010）によれば、親性は次の三つの要素から成り立っています。① 親役割の状態（親役割への満足感、育児への関心の高さ、どのような態度で育児をするか、子どもとの関係）、② 親役割以外の状態（親として以外の自分への満足感、自己肯定感、自己実現への欲求、社会との関係）、③ 子どもへの認識（子どもへの愛着、子どもの様子の理解、子どもの成長・発達の理解、授乳や寝かしつけなどの具体的な育児をこなす能力）です。そして、これらの項目の得点が高い親は、親であることを肯定的に受け止め、親になることで人間的に成長できたと認識しているのに対し、得点が低い親では育児の負担感が大きく、自分の行動が制限されていると感じるなど否定的意識が強いという関係性がありました。

3）家政学がとらえた親の発達

また家政学の分野では、**親性準備性**という概念を用いて、親になるための資質が青年期を通じていかに発達するのかを明らかにしようとしています。伊藤ら（2010）は、親になる前の段階で共感性が高い人は母親になってから乳児に敏感に応答できるという知見や、乳児の要求や感情の表現・信号を大人が正しくとらえて応答的であることが乳児の**愛着**形成をうながすといった先行研究をふまえて、親になる以前の中・高・大学生期において育むべき親性準備性の指標の一つとして、「幼児への**共感的応答性**」を提示しています。

青年期における「幼児への共感的応答性」得点は、中学から大学へと年齢が上がるほど高まっていきます。いずれの時期においても男子より女子の方が得点が高いのですが、この性差は20歳前後には縮小します。つまり男子においては、かなり年齢が高くなってから「幼児への共感的応答性」が発達するといえるでしょう。また年齢・性別にかかわらず、「幼児の発達に関する知識の獲得状況」と「親になることを肯定する意識の高さ」が、「幼児への共感的応答性」に関連していました。

一方、岡野ら（2012）は、親性準備性の発達における学校教育の効果を明らかにするため、中・高校生において家庭科の保育学習の前後で「幼児への共感的応答性」得点が変化するか検討しました。その結果、どの学年・性別でも保育学習前より後の方が得点が上昇していました。また「幼児への共感的応答性」得点の上昇は、「幼児への関心」「幼児に対するイメージ」「幼児の発達に関する知識」の得点の上昇と関連していました。このことから、学校の保育学習で幼児の発達に関する知識を学んだり、幼児への関心を高める体験をすることは、親になるための資質を育む一定の効果があると考えられます。

4）保育学がとらえた親の発達

これに対して保育学の分野では、子育て中の親の成長をうながす支援についての研究がなされています。楠本（2019）は、「子どもへの愛情が深まった、親としての責任を感じるようになった、生きている張りが増した」など子育てに「生き甲斐・存在感」を感じている母親、「協力することの大切さがわかるようになった、他人の立場や気持ちをくみとるようになった」など子育てを通じて「協調性」が高まったと感じている母親は、子どもへの応答的関わりと統制的関わりのバランスが取れていること、また母親の「生き甲斐・存在感」「協調性」の高さは、「親役割への肯定的意識」「父親の育児関与」と関係していることを明らかにしました。それに加えて、育児経験年数が多い母親、友人が多い母親ほど親役割を肯定的に受け止めているという結果でした。

こうした研究から次のようなことが考えられます。まず、親自身の成長をうながす支援をすることは、子どもが家庭で適切な関わりを得ることにつながるということです。一方、育児経験年数が少ない低年齢児を育てている親や、友人が少なく孤立しがちな親、母親一人に育児の負担がかかっている家庭では、親が子どもに対してバランスの取れた関わりをするのが難しくなる可能性が高いことが推測されます。また、若年の親や望まない妊娠などで、親が親役割を受け入れきれていない場合には、子どもへの関わりが難しくなることも予想されます。このようなさまざまな状況に置かれた親たちに対して、子育てに生き甲斐や存在感を感じられるような経験、他者と協力し合うことの心地よさを感じられる経験を提供することが**子育て支援**のポイントになるといえそうです。

第2節　保育所・幼稚園・こども園と親子の育ち

1）実際の経験を通じて親が「子育て」を学ぶ場をつくる

子育てイメージと現実とのギャップ

2019年の日本国内出生数は86万4000人でした（2019年12月厚生労働省発表）。前年に比べて5.92％減と急激に減少し、1899年に統計を開始して以来、はじめて年間出生数が90万人を下まわりました。政府は、2003年に成立した少子化対策基本法を通じて、仕事と子育ての両立や待機児童対策、保育料無償化、働き方改革、男性の育児参加などさまざまな少子化対策を進めてきましたが、その効果は表れていないようです。

このような状況の中、子どもを産むことを選択する親の多くは、子育てに肯定的なイメージをもっていると考えられます。しかし、少子化が進んで、子どもと接する経験が得られにくい現代では、親たちがもつ子育てのイメージは実体験に支えられたものではなく、映像的・観念的なものになってしまいがちです。かわいい赤ちゃんの笑顔、カラフルな育児グッズ、夫からも子どもからも愛されているおしゃれなママ……。しかし、現実の赤ちゃんは機嫌が悪かったり、思い通りに動いてくれなかったりすることも多いですし、夫は仕事に忙しくて話し相手にもなってくれず、家事・育児に追われて睡眠不足で、おしゃれな服を着て出かける余裕なんてとんでもない……。こうした現実と自分が出産前にもっていた子育てのイメージとのギャップから、「こんなはずではなかった」と子育てが苦しくなってしまう親もいます。

事例　「私、もっとキラキラしたいんです」

11か月の男の子を育てるAさんは30代前半で、ショートカットが似合うおしゃれなママという印象でした。離乳食がなかなか進まないということで、子どもを連れて発達相談にやって来ました。男の子は、はじめての場所に少し不安そうにしていましたが、すぐに慣れて支援センターのスタッフと楽しそうに遊びはじめました。体格もよくて、順調に発達しているようです。食事の様子を聞いてみると、多少の好き嫌いはあるようですが、どちらかというと食欲旺盛で、手づかみでしっかり食べています。しかしAさんは、子どもが手づかみでまわりをいっぱい汚しながら食べるのが、とてもイヤなのだと言います。よく聞いてみると、食事だけでなく、子どもと一緒にいる生活のすべてがしんどいと感じているようでした。

話が進むうちにAさんのつらさがどこにあるのか少しずつわかってきました。Aさんは元警察官で、結婚前までフルタイムで忙しく働いていました。充実した生活でしたが、まわりの友だちが次々と結婚していくのを見て、自分も結婚して子育てするのもいいかなと思い、夫と結婚、妊娠を機に退職したと言います。「子どもが生まれてからは、買い物にも自由に行けなくなったし、子どもに食べさせて、寝かせてだけで毎日がすぎていく。夫は夜勤もあって忙しく、子育てにはあまり関心がない。以前は働いていてお金もあったから、好きな服をいっぱい買えて、友だちと食事に行ったりもできたのに……」。そして「私、もっとキラキラしたいんです」と涙をこぼしたのです。

支援の具体例

このような事例に出会うと、親になる以前の青年期に「幼児に対するイメージ」や「幼児の発達に関する知識」について学んでおくことが重要であると改めて気づかされます。また上に述べたように、親が親であることを肯定的に受け止めるためには、育児に関心があるだけでなく、自己肯定感や社会との良好な関係といった親役割以外の状態も充実していることが必要なのだとわかります。これらのことをふまえて、私たちはAさんのような親に対してどのような支援ができるでしょうか。

一つ目は、各時期の子どもの成長・発達のあり方について知らせて、Aさんが子どもの様子を理解できるようになることを支える支援が考えられます。これは、言い換えれば、現実の子どもを前にして、親が「“我が子”の心身の発達や状態の改善に必要な態度・知識と身体技術」について学ぶ場を提供するということです。具体的な例では、園の保育参観などを通じて、子どもの年齢発達に応じた**環境構成**や援助のあり方を伝えるなどが思い浮かびます。我が子が夢中になって遊んでいる様子を見れば、親は、この年齢の子どもはこういう玩具やこういう遊びが好きなのだということがわかりますし、保育者が子どもたちにどのような対応をしているのか見ることは、親の中に具体的な関わりのモデルをつくるでしょう。そのためには、ただ保育の様子を見せるだけでなく、どのような意図をもって環境構成や援助をしているのかをことばで伝えることも大切になります。

二つ目は、親が子どもとの関わり以外の場面で自己肯定感を感じられたり、新たな人間関係をつくったりすることのできる機会を提供する支援です。具体的にはPTA活動や園行事・ボランティア活動などを通じて親同士が交流・協力し合い、みんなで一つのものを作り上げていくような取り組みが考えられます。例としては、夏祭りで保護者が主催する屋台を出したり、保護者同士で協力して卒園アルバムを制作するなどです。仕事と子育てに忙しい親たちにとって、園の活動に参加することは、負担が増えるように感じられるかもしれません。しかし、実際に参加してみると、子どもや仕事以外のことを考えることは気持ちのリフレッシュになりますし、活動を通して達成感を得ることは親の自己肯定感を高めることにもつながります。また、活動を通じてできた仲間は、仕事も立場も年齢もこえて、子育ての悩みや喜びを共有できる存在であり、そうした存在は、親たちが卒園後も地域の中でつながりをもって子育てを継続していく基盤になるでしょう。やりたくないのに強制されるイヤな活動ではな

く、先輩保護者の様子を見るうちに「私もやってみようかな」と思えるよう、上手に親を園の活動に誘導することが求められます。

親の立場になった後でも、講演会などを通じて子どもの発達について学ぶ機会はまったくないわけではありませんが、すべての親がそうした学習に興味があるわけではありません。また、自己肯定感や社会との良好な関係といった親役割以外の状態が充実していることが大切だとしても、親たちのそのような側面に保育者が直接働きかけることはできません。しかし、上に示したように親の発達をうながすという観点から保育参観や園行事など既存の取り組みを見直してみることで、親が「子育て」を学び、成長する場をつくることは可能です。実際の経験を通じて親も子もともに育つ、そのような園の運営が求められます。

2）親を導く「子育ての価値」

子育てとインターネット

上に、各時期の子どもの成長・発達のあり方について親に伝えることが必要と書きましたが、実は、親たちはインターネット検索を通じて子どもに関する「知識」をいろいろもっています。中には**発達障害**についてのくわしい知識をもっていて、保育者に教えてくれるような親もいます。しかし、インターネットから得た知識は、検索キーワードに対する答えとして出てきたものですから、非常に断片的で、日々の親子の関わりを導く「子育ての指針」にはなり得ません。

親たちは子育ての中でさまざまな悩みや困惑・葛藤を経験します。子どものどのような姿が「気になる」か、「困る」かには、親が自明とする、あるいは理想とする子ども像や子育てのあり方が反映されています。「どのように子どもを育てたらよいのか」「どのように関わったらよいのか」という親の疑問は、その方法をたずねていると同時に、「どういう子どもを育てようとするのか」という価値を模索するものでもあります（服部, 2019）。子どもの成長・発達のあり方について親に伝えるということは、「1歳になったら**初語**が出る」「3歳になったらハサミが使える」といった断片的知識や、「子どもが駄々をこねたときにはどう対応すべきか」といったハウツーにとどまらない、「子ども観」や「子育ての価値」を親と保育者が共有するということなのです。

子育ての価値を伝える

子育ては私たちにとって身近な営みです。すべての人が育てられた経験をもっていますし、テレビや新聞・インターネットなどを通じて、子育てに関連した出来事を見聞きすることも多いです。これらの事象から私たちは「よい子ども」「よい親」像、子育てはこうある「べき」という価値観を知らず知らずのうちに取り入れています。こうした価値観は、親の子どもへの関わりを導くと同時に、その「べき」にとらわれて、そうできない自分自身の子育てを親が自己否定したりすることにもつながります。

前項で述べたような具体的な子どもへの関わり方を伝える際には、「なぜ」そうすることが必要なのかを併せて伝えることが大切です。その「なぜ」の部分に保育者・支援者である皆さんの価値観が反映されているからです。日本の乳幼児保育・教育は、基本的には「保育所保育指針」や「幼稚園教育要領」「幼保連携型認定こども園教育・保育要領」にのっとっています。どの指針や要領にも乳幼児期の子どもたちにとってよい環境や望ましい関わりについての記述があり、皆さんが、子どもにとってよいと思う環境や関わりは、大まかにはそうした記述に基づいていると思われます。

保育における子ども像・子ども観の基盤

保育者・支援者の多くが共有している指針や要領における子ども像や子ども観は、1951年に日本で定められた「児童憲章」、および1989年に国連総会で採択され、日本では1994年に批准された「児童の権利に関する条約（**子どもの権利条約**）」の理念に基礎を置いています。「児童憲章」の冒頭部分には、「児童は、人として尊ばれる。児童は、社会の一員として重んぜられる。児童は、よい環境の中で育てられる」と定められています。保育所・幼稚園・こども園は、この理念のもと、そこに通う子どもたちにとって最もふさわしい生活の場であることが求められるとともに、私たちの子どもへの関わりもこれらの理念に通ずるものでなければなりません。指針や要領にある「乳幼児期の子どもたちにとってよい環境や望ましい関わり」は、私たちが「児童憲章」や「子どもの権利条約」の理念を実現できるよう、具体的に記したものに他なりません。

子どもは、どんなに小さく弱くとも、生まれながらにして生命や健康・自由などに関する権利を有し、人としての「**尊厳**（dignity）」をもつ存在です。「児童憲章」や「子どもの権利条約」に表現されている、このような子どもに対する考え方は、いつの時代にも普遍的だったわけではありません。19世紀・産業革命期に強いられた過酷な児童労働への反省や、第一次・第二次世界大戦で社会的に弱い立場にある人たちの普通の暮らしが大きく損なわれたという反省を通じて、現代に入ってからようやくこのような条約の形になったのです（松本, 2019）。

親がもっている子育ての価値観、子ども像や子ども観は無意識的なものであるがゆえに、すぐに変えることは難しいですが、さまざまな人との出会いや経験を通じて育ち、変化していくものでもあります。親が子どもたち一人ひとりに「尊厳」を認めるとき、その関わりは、どんなときも子どもにとって最善のものになるのではないでしょうか。

§考えてみよう——皆さんは、どのような子どもを「子どもらしい」と思っているでしょうか。また、どのような親を「好ましい親」「よい親」だと思いますか。逆に違和感を感じたり不愉快に思ったりする子どもや親の言動についても考えてみてください。

3）親も子も育つ園をつくるために

なぜ子育て支援が必要なのか

「保育所保育指針」では、保育士の役割として児童の保育の他に子どもの保護者に対する保育に関する指導を定めています。また、保護者に対する保育に関する指導とは、保護者が支援を求めている子育ての問題や課題に対して、保護者の気持ちを受け止めつつ行われる子育てに関する相談や助言、行動見本の提示その他の援助業務の総体を指すとしています。一方「幼稚園教育要領」には、子育ての支援の観点から、幼稚園には多様な役割を果たすことが期待されているとして、地域の子どもの成長・発達を促進する場としての役割、遊びを伝え広げる場としての役割、保護者が子育ての喜びを共感する場としての役割、子育ての本来のあり方を啓発する場としての役割、子育ての悩みや経験を交流する場としての役割、地域の子育てネットワークづくりをする場としての役割などをあげ、その具体例として、子育て相談の実施、子育てに関する情報の提供、親子登園などの未就園児の保育活動、絵本クラブなどの保護者同士の交流の機会の企画などを提示しています。

とはいえ、指針や要領にこのように定められているからこれらをしなければいけないという姿勢では、**子育て支援**は、保育者にとっては重荷や負担でしかないでしょう。保育所・幼稚園・こども園の最も大きな使命は、子どもの健やかな成長・発達をうながすことです。親が親として成長し、適切な養育態度をもち得ることは、子どもの成長・発達を支える上で大変重要です。また、子どもの発達は卒園後も続くわけですから、親が**養育性・親性**を身につけて、卒園後も地域の中で子育てを展開させていく足がかりを得ることは、子どもの最善の利益を追求するという点からも大きな意味をもちます。保育所・幼稚園・こども園で行われる子育て支援は、子どもの成長・発達にとってよりよい環境を整えるという観点から行われるものです。この点をおさえていれば、指針・要領に示された活動をすべて実施する必要はありませんし、一方、支援の目的がしっかり理解されていなければ、このような活動をどれだけたくさん行ったとしても十分とはいえません。

子育て支援の柱

本章でこれまで述べてきたことから、保育所・幼稚園・こども園で行われる**子育て支援**には二つの柱があるといえるでしょう。一つ目は、親の置かれた立場を理解するということです。それは、一人ひとりの親の気持ちを尊重し、ありのままを受け止めようとする態度をもつだけにとどまりません。現代の親がどのような環境で育ち、どのような点に課題をかかえがちなのかを理解するということです。現代の親に共通する課題を認識しておくことで、個々の行事・イベントを漫然と続けるのではなく、その取り組みの中で親が何を経験することが大事なのか、また保育者は親へどのように関わればよいのかが見えてきます。評価の一環として親に園行事やイベントに関するアンケートを実施している園も多いですが、親の養育性・親性を育てるという観点から、園行事やイベントを通して親たちがどのように変化したかをとらえる視点をもつことも大切でしょう。

もう一つは、保育者自身が自分の「子ども観」や「子育ての価値」について改めて振り返ってみることです。私たちが自明と思っている「子どもにとってよいこと」や「～すべき」という価値観のルーツはどこにあるでしょうか。指針や要領、保育者養成の課程で学習したことにその根がある場合もあるでしょうし、自分のこれまでの生活経験から知らず知らずのうちに取り入れている場合もあるでしょう。自分がもっている価値観、そしてそのルーツを意識しておくことは、自分とは異なる親のさまざまな子ども観・価値観を認め、尊重することにつながります。違和感を感じたり不愉快に思ったりする親の言動に出会ったときに、無意識にそれを否定してしまうのではなく、「この人はそんなふうに考えているのか」といったん認めることが、子育て支援の出発点です。

保育所・幼稚園・こども園は、子どもだけでなく親もともに育つ場所です。だからといって、保育者が親を指導する必要はありません。保育者の役割は、親たちの多様な価値観や状況を認め、一人ひとりの親が養育性・親性を育めるよう、行事を中心とする園の運営のあり方を工夫することです。指針や要領に示されている「子育てに関する相談や助言」「行動見本の提示」といった支援の方法は、すべてこの基本的な考えの上に成り立つものです。

私たちが子どもの成長の力を信じて保育をするように、親に対してもその力を信じて、前向きに動き出せるよう励ます関わりが親を親として成長させます。園に通って子どもと一緒に育った親たちは、卒園後もＯＧ・ＯＢとして園の運営に力を貸してくれます。そして、園の価値を共有し、**子どもの権利**を守る社会をともに実現するための力強い味方になってくれることでしょう。

◉ 引用文献

陳省仁（2011）養育性と教育, 北海道大学大学院教育学研究院紀要, 第113号, pp.1-12

楠本洋子（2019）母親の「親育ち」が養育態度に及ぼす影響, 保育学研究, 第57巻, 第1号, pp.114-125

服部敬子（2019）子どものいまとこれからを支える乳幼児心理学, 心理科学研究会（編）新・育ちあう乳幼児心理学, 第3章, 有斐閣

伊藤葉子・倉持清美・岡野雅子・金田利子（2010）中・高・大学生の幼児への共感的応答性の発達とその影響要因, 日本家政学会誌, Vol.61, No.3, pp.129-136

柏木惠子・若松素子（1994）「親となる」ことによる人格発達：生涯発達的視点から親を研究する試み, 発達心理学研究, 第5巻, 第1号, pp.72-83

小嶋秀夫（2001）心の育ちと文化, 有斐閣

松本博雄（2019）子どもの尊厳と権利, 心理科学研究会（編）新・育ちあう乳幼児心理学, 第1章, 有斐閣

森下葉子（2006）父親になることによる発達とそれに関わる要因, 発達心理学研究, 第17巻, 第2号, pp.182-192

岡野雅子・伊藤葉子・倉持清美・金田利子（2012）中・高生の家庭科における「幼児とのふれ合い体験」を含む保育学習の効果：幼児への関心・イメージ・知識・共感的応答性の変化とその関連, 日本家政学会誌, Vol.63, No.4, pp.175-184

大橋幸美・浅野みどり（2010）育児期の親性尺度の開発：信頼性と妥当性の検討, 日本看護研究学会雑誌, Vol.33, No.5, pp.45-53

写真提供：土庄保育園

コラム4

“認められたい”は保護者も同じ

姫田史（元こぶし花園保育園園長）

保育者をめざす人は子どもの育ちに必要なものは何かを学び、大切にしようと考えますが、日々の保育の中では保護者を非難したくなることが少なからず出てきます。さちえ先生は保育者になって８年目。「子どもは大好き」と楽しい遊びを考えて子どもたちが喜ぶ顔を見るのがうれしいと言っています。そんなさちえ先生が困っているのはまさに保護者との関係。４歳児クラスをパートの先生と担任していますが、朝夕保護者と会うのはフルタイムのさちえ先生だけです。

まさとくんは偏食がひどく野菜はまったくといっていいほど食べません。「食べないってわかってるから」とお家では野菜料理はつくらず、食事といえば「毎食レトルトカレーかな」とお母さんはあっけらかんと話します。そんなお母さんも、活発なまさとくんが友だちとケンカしたとき、「顔に傷つけたら絶対許さない」ときっぱり言い、さちえ先生も返すことばがありませんでした。先日はまさとくんの上着が保育園でなくなったとお母さんが言ってこられたので掲示板に貼り紙をし、園中を探しましたが見つかりません。後日なくなったはずの上着をまさとくんが着ているのでどこにあったかたずねると、「家にあったの」とこれまたあっけらかんとした答えが返ってきました。「自分勝手」とも感じられるお母さんと話すことに、さちえ先生はしんどさを感じています。でももう一方では、何とかまさとくんのことを向かい合って話したいとも思っています。

そんなある日のこと、朝登園してきたお母さんの髪形が変わっていたので、ふと、「髪変えたんですね。よく似合ってる」と声をかけました。そのときの“ありがとう、先生気がついた？”というお母さんの顔のうれしそうだったこと。それからさちえ先生は、まさとくんの話だけでなく、ときどき家事や仕事に疲れたお母さんのこともさりげなくたずねてみるようになりました。するとお母さんも「さちえ先生は私のことをどうせ出来の悪い母親だと思っている、と感じていた」と心のうちを話してくれるようになり、まさとくんの困ったことを少し相談してくれるようになりました。「今でもまさとくんのお母さんと話すときはとても気をつかうけれど、独身で子育てをしたことのない自分がなんだかお母さんの保護者になった気がするわ」とさちえ先生は苦笑します。

第12章 保育者として子育て家庭を支える

山本幾代

子育て支援の取り組みは、1989年の「1.57ショック」、1990年の「待機児童増加」に代表される「少子化問題」に端を発し、現在は「仕事と子育ての両立支援」などの施策を通じて社会全体で保障するという理念が打ち出されています。本章では、保育所や幼稚園、こども園の存在そのものが子育て支援であるととらえ、特定の人の犠牲や熱意で子育て家庭を支えるのではなく、制度的にも社会的にも子ども・保護者・保育者・地域がともに支えられ、育つ方法について考えます。

第1節 脱消費者的保護者像

保育現場にいる保育者は、「今の子育て支援は子どものためになっているだろうか」「誰のための保育なのか」ととまどうことがあります。たとえば「○○広場では、おみやげが○○だった」「○○センターの○○の活動の方がよかった」といった声をよく聞きます。「土曜日の勤務はないけれど、保育料を払っているのだから園で預かってもらうのは当然権利がある」「園が開いている時間帯は園に預けてもよい」などと主張する保護者もいます。一方、保育者も保護者に対して「子どもがお母さんをこんなに待っているのだから、買い物をせず先にお迎えに来てほしい」「今日はお父さんお仕事お休みだったの。それなら子どもと過ごす時間にしてほしい」という思いがわき起こり、子育てを

資料12. 1　保育所保育指針解説　第4章　子育て支援

厚生労働省（2018）より抜粋、下線筆者

保育所における保護者に対する子育て支援は、全ての子どもの健やかな育ちを実現することができるよう、第1章及び第2章等の関連する事項を踏まえ、子どもの育ちを家庭と連携していくとともに、保護者及び地域が有する子育てを自ら実践する力の向上に資するよう、次の事項に留意するものとする。

【保育所における保護者に対する子育て支援の原則】

保護者が支援をもとめている子育ての問題や課題に対して、保護者の気持ちを受け止めつつ行われる、子育てに関する相談、助言、行動見本その他の援助業務の総体的を指す。子どもの保育に関する専門性を有する保育士が、各家庭において安定した親子関係が築かれ、保護者の養育力の向上につながることを目指して、保育の専門的知識・技術を背景としながら行うものである。

誰がどのように担っていくのかについて葛藤することがあります。

消費者的な発想は私たちの生活にすっかり浸透してしまっています。同じ料金・時間なら子どもがより多くのおみやげをもらえる方がよいと感じたり、保育者ですら保育を時間で切り売りできるサービスのようにとらえてしまっているときがあります。本来、子育ては、毎日同じことの繰り返しで、打ち上げ花火のような楽しさはありません。繰り返す中でいつのまにかできるようになっていたというように、長い時間がたって振り返ってみたときにはじめて成長が感じられるものです。即効性のある、よりお得な保育サービスや子育ての指導を提供・購入するという考え方では、子どもの育ちを保障することにはならないのです。

保護者も保育者も「子どもの最善の利益」を保障することを土台に、このような消費者的な発想から脱することはできないものでしょうか。

保育所保育指針解説の第４章「子育て支援」には、**子育て支援**について保育者の役割などが明記されています。子育て支援における保育者像です（**資料12. 1**）。

ここから、次のような保護者像が浮かびあがってきます。「脱消費者的保護者像」ともいえるものです。

一人ひとりの保護者は、尊重され、保育者・地域から
・子育てを受容される存在である。
・子育てをともに担ってもらえる存在である。
・子育てを理解してもらえる存在である。
・自ら判断する力をもつ存在ととらえられる。（自己決定を尊重される）

このような存在として保護者をとらえ、地域の子育て力や養育力を子育てに活用することが子育て支援なのです。

第2節　子育て支援の目的

子育て支援は「子どもの最善の利益」をめざして行うものです。保護者に対する支援にあたってはこれを第一としなければなりません。しかし、現代の子どもの変化や子育て背景の社会的な変化にともない子育て支援の考え方や取り組みも変わってきています。厚生労働省の調査によれば、子どもの生活の変化として、近年以下のようなことが指摘されています。

① 生活習慣の変化

朝食を食べない、就寝時間が遅いなど基本的な生活習慣や態度が身についていない。脂質摂取の増加、カルシウム摂取量の不足などの食事内容の変化。また食への関心や意欲そのものも低下傾向にある。遊びへの関心・意欲が低く、運動能力が低下傾向にある。

② 体験の偏り

ＴＶゲーム、インターネットなどの室内の遊びが増えており、外で大勢の友だちと遊ぶなどの体験が減っている。

このような状況をふまえ、保育所で行う子育て支援では、その特性を生かして、保護者と連携して子どもの育ちを支えることが求められます。保護者との

信頼関係を基礎に保護者の自己決定を重んじながら、子どもの育ちの姿とその意味を保護者に丁寧に伝え、子どもの育ちを保護者とともに喜び合うことが目的です。

また保育所の子育て支援は、在籍している保護者だけではなく地域の子育て家庭も対象にする義務があります。保育所に在籍していない家庭にとっては保育所の存在は敷居が高いため、意識的に「誰でもいつでもどこでも」と門を開いて受け入れる体制が求められます。そして、保育所の保育・教育のノウハウを生かし保育所保育の専門性を生かした子育て支援を積極的に行う必要があります。

第3節　保育を通して子育て家庭を支える

保育所では日常の保育や生活の中で保護者への支援を行っています。本節では、保育所におけるそうしたさりげない**子育て支援**について筆者が関わっているいくつかの園の実践から具体的事例をあげながら述べます。

乳幼児の保育は環境を通して行うものです。保育の環境には、保育者や子どもなどの人的環境、施設や遊具などの物的環境、気候や動植物などの自然環境、住宅地や農業地など地域の社会環境、時間や空間などの物理的環境、人間関係や雰囲気などの心理的環境があります。

環境構成とは、高山（2014）によれば、保育者が保育や子育て支援のために、これらの環境を意図的に選択し構成することを指しています。さらに亀崎（2018）によれば、環境構成の知識・技術を意図的に活用することで、さまざまな子育て支援を行うことが可能であるといわれています。保育は、子どもの発達や子ども理解、子どもの興味関心に基づき意図的に環境を構成し「ねらい／目標」を立て「手立て」を考えて生活と遊びを通して行うものです。そして、保育の環境は子どもだけが利用するものではなく、毎日保育所へ子どもの送迎をする保護者も目にします。つまり、保育者が意図的に環境構成をすることで子育て支援を行うことができるのです。子育て支援というと、相談・助言・行動見本といった直接的な支援の形をまず思い浮かべがちですが、環境を通した間接的な子育て支援もあるのです。

1）保護者に対する環境を通した間接的支援

保護者が子どもをお迎えに来る時間にその日の給食サンプルケースが出入り口に出ています（**写真1**）。子どもの手を引きながらケースをのぞき込む保護者。子どもは今日の給食の様子を話し出します。一日で子どもが食べる量、切り方、盛りつけ、どのような食器が使われているかが伝わり、親子の会話もはずみます。保護者はケースのとなりにある今日のレシピを手にします。またケースのとなりにはにんじんの切れ端が水栽培されています。スーパーでは見られないにんじんの葉っぱに目がいきます。葉っぱも青々として、子どもは「にんじんの葉っぱ」と興味をもちにおいをかいでみます。

離乳食のサンプルも提示されています（**写真2**）。調理方法や子どもの発達に合わせた食材の提供のしかた、スプーンの形、保育者が持つ援助用スプーンと子どもが持つスプーン（連絡帳に書かれているツースプーン）も並べられたりします。保護者はこれらを見ることにより、子どもの食事の内容や発達に適した食器などの知識を獲得することができます。保護者の養育力が高められる子育て支援です。

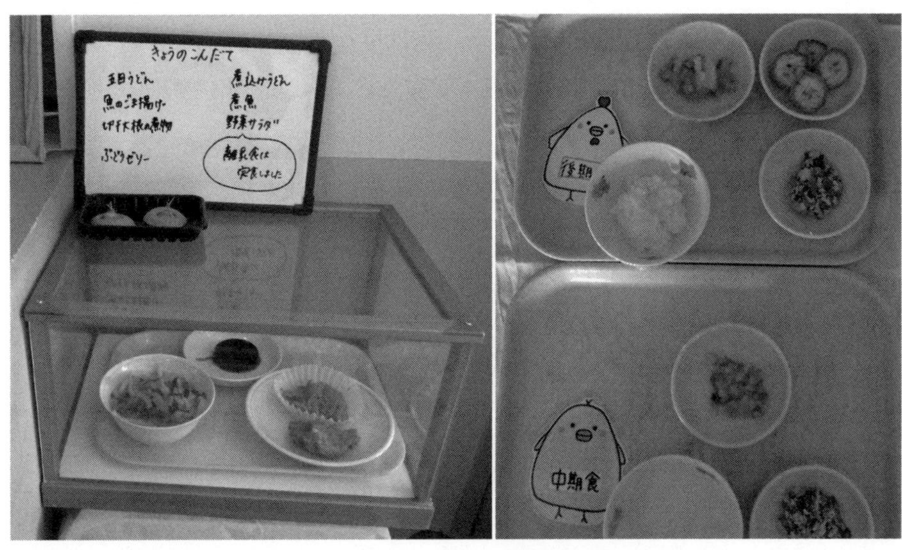

写真1　給食サンプル　　**写真2**　離乳食サンプル

離乳食の進め方や子どもの発達に応じた開始時期や目安などを壁面にイラストや写真で提示している園も多くあります。また、レシピの提供や献立に合わせて絵本を給食室前に開いて展示したり、珍しい野菜や果物の実物を見てふれて食材に親しみやすいようにしたりなど、工夫して取り組んでいる様子がうかがえます。他にも、食中毒に関する豆知識、地産地消の野菜や果物について産地の地図や食材のイラストを通して伝えます。また、感染症に関する情報提供や予防接種の情報提供、この時期かかりやすい疾病と予防について、そのときどきに必要な情報をこまめに発信することは子どもの健康を守る保護者と保育者の共通知識となります。

写真3は、保育者が選んだ絵本の提示です。市販されているさまざまな絵本から良書を選ぶのは至難のわざです。園にある絵本は、保育者がその専門性に基づいて良質な児童文化財として選んだものです。子どもの遊びや興味、発達にあった絵本であり、季節や社会の状況にも気くばりをして選んでいます。ここにも保育者の保育の意図や価値観、保育所の保育方針が表れています。絵本の横には保育者がこの絵本をどう読んだかや作者の紹介など文化財としての絵本の質に保護者がふれられるような情報をわかりやすく伝える工夫がされています。

また、絵本のとなりには親子でくつろげるちょっとした空間がつくられています（**写真4**）。忙しく仕事を終え、今からまた子どもとともに家庭で忙しく過ごす保護者にとって、子どものペースに合わせてギアチェンジをする場です。ひと息つける親子の時間でもあります。そこで保育者が足を止めて、今日の出来事や子どものよく遊んでいるおもちゃ、何度も読んでと持ってくる絵本のことをさりげなく話します。必ずしも担任でなくてもよいのです。通りかかった保育者が保護者と子どもに声をかけていきます。保護者が昼間見られない子どもの姿を知ることは保護者にとって子育ての喜びにつながります。

写真3　今日の絵本紹介

写真4　親子でくつろぐ場

2）子どもの姿や学びを写真で伝える環境

園外保育の様子や散歩で見つけた木の実や草花が保育室や廊下などに写真とともに飾られている園も多くあります。そこには子どもが発したことばやその子どもの行動やことばを保育者がどのようにとらえているかが書き加えられています（**写真5**）。子どもの生活や遊びの具体的な写真は子どもの育ちや学びの内容を保護者に伝え、保育者の意図や解説は保護者の子ども理解を深めます。また、「散歩マップ」には、四季によって変化する草花、生き物、民家の猫や犬の名前やイラストもあり、子どもたちが散歩で何を経験して何を感じているか、何を学んでいるのかを保護者は理解することができます。休日に家族で同じ散歩道を通り、子どもの姿を連絡帳などで知らせてくれる保護者もいます。保護者と保育者の共通認識が子育て力を高めます。

また、子どもが取り組んだ一連の取り組みと学びの内容をドキュメンテーションで詳細に記録したものもあります。写真の効果的な使い方は保護者に人気です。文字情報と写真情報を比べると、写真は親しみがあり抵抗感が少ないようです。理解しやすい媒体でそのときの様子を短時間で見られるので忙しい保護者も送迎時に活用することができ、生活や遊びが子どもの学びであることを理解できます。また、ことばでは伝わりにくいことも視覚情報として届きやすくすることができます。子どもの思いや考えていることを吹き出しにして写真につけると子ども理解の視点がより明確になります。また、我が子の友だち関係まで保護者に伝わり安心感となります。こうしたドキュメンテーションは、「園のしおり」などに掲げられている保育方針が保育実践を通して具体化されている様子を知る助けとなります。

写真5　子どもの様子を伝える

3）一人ひとりの子どもを大切にする環境

どの園でも「一人ひとりの子どもを大切にした保育」をめざしていますが、具体的にどのように大切にしているかはなかなか見えてきません。たとえば、保育所の玄関に誕生児を紹介する場があり（**写真6**）、そこに今月の誕生児の写真と今夢中になっていること、好きな食べ物や絵本が紹介されていると、保育所の職員ばかりか同じクラスの保護者からも「○○ちゃん、お誕生日おめでとう」「○○ちゃん、二つになるのね。おめでとう」「○○が好きなの？　うちの子とおんなじね」とたくさんの人から声をかけてもらうきっかけとなり、子どもの自尊心が育ちます。多くの人から関心を向けられることは幼児期には重要な体験です。

この園では、バースデーランチは、生まれ月の子どもが集まって誕生会をするのではなく、給食の先生が事前にインタビューをして誕生日メニューのリクエス

写真6　誕生日の子ども紹介

トを聞き、その子の誕生日にとっておきのランチが出てきます。食材は他の子と同じものなのですが、野菜の切り方や盛りつけに工夫がなされ、特別な食器に載せられて提供されます。そこに集まって食事をともにする子どもたちと保育者で心からのお祝いをします。誕生日に祝ってもらって照れながらもうれしそうな笑顔を見ると他の子も保育者も笑顔になります。誕生日の子にとっては自己肯定感のもてるひとときであり、他の子は「私の誕生日はいつ？」と期待感が高まります。

こうした経験を通して子どもたちは「待つ」という意味をわかっていきます。３月生まれの子どもは長い間待ちます。ときどき駄々をこねたり、すねたりもしますが、誕生日を待って、生まれてきたことの喜びを表現する子どもに出会うことができます。

また、これを機に食育を考えることにつながり、食についての悩み相談になることもあります。保育所は、栄養士や調理師や看護師、保育ママ、孫を育てている保育者など経験豊かな人たちの集まりなので、おもしろい対応のしかたを提供できるメリットもあります。

４）交流をうながす環境

保育所や幼稚園、認定こども園には、子どもや保護者や保育者や事務職員がおり、誰もが子育て支援の資源です。その中でも保護者同士の交流ほど、孤独感の解消や子育てのしんどさを共有できるものはありません。次章で紹介する地域子育て支援拠点（子育てひろば）は、保護者同士が集い、安心して話をして豊かに交流することを中心とする場ですが、保育所でも保護者同士の交流を大切にしています。しかし、忙しくゆとりのない時間を過ごしている保護者同士の交流は保育所では困難な場合もあります。

写真７では、園庭に大人用のベンチを置いています。保育者の意図は、送迎時間の重なった保護者同士が我が子と異年齢の子どもたちが園庭で遊んでいる姿を見ながら、大人用のベンチで交流をもち、子育てのストレスを話すことです。子育ての知恵やさまざまな考え方にふれることができるようにとの願いが込められています。

ある研修会でこうした写真を紹介すると、ベテランの保育者から次のように言われました。「子どもを保護者に渡した後に園庭で遊んでいたら、保護者は

写真７　園庭に大人も座れるベンチを置く

話に夢中になって子どもを見ていない。子どもがケガをしたりしたら、その手当てを保育者がすることになり職員の仕事が増えて帰りが遅くなるから、保護者は子どもを迎えに来たら速やかに帰ってほしい」。保育者の傲慢とも思える発言に子育て支援の困難さが垣間見えました。仕事と子育ての両立を担っている保護者に対して、特に朝夕の送迎時こそ、保育所が家庭と職場の二つの生活を支えることのできる機会なのではないでしょうか。しかしその一方で、保育者がバーンアウトする要素がここに潜んでいるともいえます。

保育者が園庭に大人のベンチを置いた意図を保護者に伝え、保護者が我が子を迎え入れた後のことを話し合い、双方がよりよいあり方を見出すことが求められます。子どもの最善の利益を土台として本音で話し合える信頼関係が必要です。園内に保護者が利用できる空間が確保されていることは保護者の居場所をつくることになり、保護者同士の交流をうながします。保護者が気持ちにゆとりをもつことができることは、子どもに安定して関わることにつながり、親子関係によい影響をもたらすでしょう。子ども用のイスに大人が座って会議や話し合いをする保育所も多いですが、子育て支援の視点から保護者がリラックスできる環境について再検討してみてもよいのではないでしょうか。

§考えてみよう――保護者同士のつながりをつくるために園でできる環境構成や保育者からの関わりについて話し合ってみましょう。

5）保護者がほっとできる環境

写真8　玄関で自然を感じる

玄関入り口の水槽からは水の流れる音が聞こえ、水草の中にめだかやドジョウ、川エビなどが泳いでいます（**写真8**）。季節の自然物による装飾や観葉植物を用いた環境が構成されています。保育室に行くまでの廊下や保育室にもプランターや鉢植えの緑があり、気持ちのいい落ち着いた空間であたたかさを感じます。自然は人の暮らしにゆとりとリラックスの効果をもたらします。

上にも述べましたが、保護者はあわただしい生活の中で子どもとゆったりと向き合うことが難しいときがあります。子どもを迎えに行った保育所で忘れていた自然や季節の移り変わりに気づける環境と出会うと、ストレスや疲労感が軽減され、気持ちを落ち着けたりすることができます。

このように保育者の専門性を生かした**環境構成**の知識・技術を意図的に活用することで、子育て支援が可能になるのです。

第4節　子育て支援の難しさ

1）3歳児神話がいまだに母親を苦しめている

サラリーマン家庭の増加にともなって、家庭内の**性別役割分業**が一般化し、「男性は仕事、女性は家庭」、女性は家庭を守り、子育てに専念すべきである、という規範ができました。特に「子どもが3歳ぐらいまでは母親が育てるべき」という考え方は、小さい子どもを預けて働く母親を苦しめています。

このような考え方は３歳児神話といわれています（第４章参照）。３歳児神話には三つのことが含まれています。① ３歳頃までは子どもが成長・発達するのに人間として非常に重要な時期である。② ３歳頃までは、大切だからこそ母親が育てるべきだ。③ この大切な時期に母親が子育てに専念しないと、子どもが将来におよぶ心の傷を残す危険性が高い、という考え方です。①の乳幼児期の重要性は、まぎれもなく事実です。しかし、だからといって②のように子育ては母親にしかできないことではありません。この時期に子どもが必要としているのは愛情をもって丁寧に関わってくれる大人なのです。父親や他の人々にも可能なことです。また、③については、母親の就労と子どもの発達との関係について調べた多くの研究が否定をしています。３歳児神話にはウソとホントが含まれているのです。

「平成10年版厚生白書」には、３歳児神話には合理的根拠がないことが明記されています。しかし、こうした考え方は世間一般に根強く残っており、保育者の中にも「子どもの世話は母親がして当然」と考えてしまう人がいるようです。**子育て支援**においては、私たちが無意識のうちにもってしまっている子育てへの考え方を改めて見直してみる必要があります。

2）保育制度の中の子育て支援

一方で、新卒の保育者からは、「子どもを産み育てたこともないのに、とても保護者の子育て支援なんてできません」ということばをよく聞きます。子育て支援というと、経験豊富な保育者からの子育てアドバイスをイメージしてしまうようです。しかし、保育者による子育て支援は、子育て経験に基づいて行うものではなく、保育者特有の専門的知識・技術を基盤にしたものです。若さのために自信をもてない保育者もいますが、20代の母親のように、若い保育者に親しみを感じ話しやすいと思う保護者もいます。また、「保護者のことを理解したい、支援したい」という保育者の意欲そのものは、子育て経験の有無とは関係ないでしょう。

保育制度の中の子育て支援は、保護者、子ども、保育者の三者関係で展開されます。保育者は「先生」と呼ばれることが多いですが、子育てについて教える先生ではありません。子どもを真ん中にして、ともに育てる仲間として保護者と向き合いたいものです。

3）保護者と保育者における子ども理解のズレ

さらに、子どもの特性によって生じる子育て支援の難しさもあります。保育の場では保護者と保育者との間には常に子どもの存在があります。子どもの育ちに関する考え方にズレがあった場合、保護者との良好な関係性をもつことが困難になります。保護者は、保育中の我が子を見る機会が少ないので保育者と共通の認識をもつことが難しいのです。

特に発達上の課題をもつ子どもの保護者との関わりには困難性が生じやすいようです。亀崎（2018）は、発達上の課題をもつ子どもの保護者との関係において保育者がかかえる難しさを次のようにまとめています。① 子どもの発達上の課題を理解してもらえないこと。② 養育態度や家庭環境が改善されないこと。③ 保護者に専門機関を利用する意思がないこと。④ 子どもが示す発達上の課題と似た行動特性が、保護者にも見られること。⑤ 保護者とコミュニケーションが取れないことです。保育者は「子どものため」という気持ちで、家庭環境や関わり方の改善、専門機関を利用することなどを保護者にすすめるのですが、保護者は子どもの状態を受け入れられないことがあります（第10章参照）。そうすると保育者は、子どもの保育と子育て支援の両方に困難をかかえてしまいます。

保育者は、保育中の子どもの様子を丁寧に保護者に伝える必要があります。特に発達上の課題をもつ子どもについては、一方的な指導にならないよう、保護者の気持ちを受け止めながら、子どもの将来について一緒に考えていく姿勢が大切です。

4）保育者に求められる多様な役割

保育の場での子育て支援は、1990年代後半から開始され、保育者には通常の保育に加えて子育て支援が職務として追加されました。保育者が行う子育て支援については、保育所保育指針や教育・保育要領に基本原則が示されていますが、複雑で多岐にわたっているため、現実的にどう実践したらよいかは十分に理論化されておらず、現場の理解不足は否めません。

保育の中の子育て支援は保護者との信頼関係づくりが基本です。日々の送迎時の立ち話であっても、積み重ねることで保護者との関係性は深まり確かなものになります。特別なことをするのではなく、毎日のあいさつや連絡帳や保育環境を意図をもって整えることで、保育者に無理のない子育て支援ができます。また、保育の分野だけでは支援を展開することが難しい場合も多くあります。カウンセリングやソーシャルワークの専門性が必要となることを想定し、積極的に専門機関や地域の方々とのネットワークづくりを進めていくことが求められます。保育者だけですべてをかかえ込まなくていいのです。

保育者が行う子育て支援は、子どもの最善の利益をめざすものです。しかし実際には多くの保育者が子どもの最善の利益と保護者に対する支援の間で判断に揺れています。どちらも尊重すべきことだからです。「子どもの最善の利益」を保障するための視点やそれを実現するためのしくみは、どこかに完成されたものがあるわけではなく、今まさに現場の保育者たちが日夜奮闘しながら取り組んでいる課題なのです。

● 引用・参考文献

亀崎美沙子（2018）保育の専門性を生かした子育て支援：「子どもの最善の利益」をめざして，わかば社

国立社会保障・人口問題研究所（2017）現代日本の結婚と出産：第15回出生動向基本調査 報告書
http://www.ipss.go.jp/ps-doukou/j/doukou15/doukou15_gaiyo.asp （閲覧日 2021年1月28日）

厚生労働省（2015）仕事と家庭の両立支援に関する実態把握のための調査研究事業報告書
https://www.mhlw.go.jp/stf/seisakunitsuite/bunya/0000103114.html （閲覧日 2021年1月28日）

厚生労働省（2017）平成28年国民生活基礎調査の概況
https://www.mhlw.go.jp/toukei/saikin/hw/k-tyosa/k-tyosa16/ （閲覧日 2021年1月28日）

厚生労働省（2017）保育所保育指針解説，フレーベル館

厚生労働省（2018）保育所保育指針解説，フレーベル館

大日向雅美（2007）子どもを愛せなくなる母親の心がわかる本，講談社

高山静子（2014）環境構成の理論と実践：保育の専門性に基づいて，エイデル研究所

写真提供：カナン十河こども園・カナン子育てプラザ21

第13章

子育て支援センター・地域子育て支援拠点の役割

中橋恵美子

前章では、保育所・幼稚園・こども園などの通園施設における子育て支援のあり方について考えました。本章では、そのような子どもの通園施設以外で親子が過ごすことのできる場所について取り上げます。現代社会において、地域に根ざしたこうした子育て支援の場にはどのような意味があるのか考えてみましょう。

第1節　地域子育て支援拠点の誕生

1）地域子育て支援拠点が生まれた経緯

1989年の「1.57ショック」（第4章参照）を契機に、政府は出生率の低下を問題として認識し、子どもを産み育てやすい環境づくりに向けて対策をはじめました。この対策の中で、政府は仕事と育児の両立支援策として保育所の量的拡大や低年齢児保育・延長保育などの多様な保育サービスを充実させるのと同時に、まだ保育所や幼稚園に子どもを通わせていない、在宅で子どもを養育している家庭にも支援が必要だとして、1993年に「保育所地域子育てモデル事業」を創設しました。この事業は1995年に「地域子育て支援センター」と名称変更されて徐々に広がっていった一方で、子育て支援センターが存在しない地域

図13. 1　地域子育て支援拠点事業の実施か所数の推移

厚生労働省　地域子育て支援拠点事業 令和元年度実施状況　をもとに作成

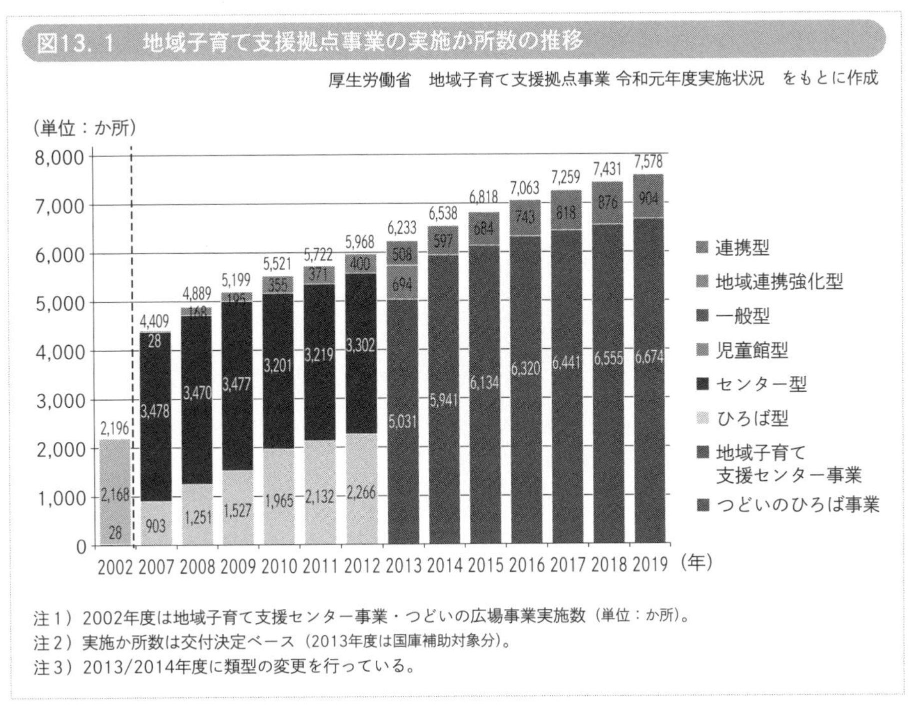

注１）2002年度は地域子育て支援センター事業・つどいの広場事業実施数（単位：か所）。
注２）実施か所数は交付決定ベース（2013年度は国庫補助対象分）。
注３）2013/2014年度に類型の変更を行っている。

では、在宅で子育てをしている母親たちが中心となって草の根的に親子の居場所づくりをはじめていました。これら当事者グループによってつくられた親子の居場所は、2002年に「つどいのひろば事業」として少子化対策の中に組み入れられ、2007年には地域子育て支援センターとともに「地域子育て支援拠点事業」として再編・統合されました。地域子育て支援拠点は、2008年に児童福祉法に基づく子育て支援事業、社会福祉法における第二種社会福祉事業と位置づけられ、急速に数が増えていきました（**図13. 1**）。

2）子育てのスタートは不安だらけ

子育て支援センターや子育てひろばとよばれる地域子育て支援拠点を利用するのは、主に幼稚園・保育所に行く前の０～２歳の子どもとその保護者です。第11章にあるように、父親・母親ともに、子育てを身近で見たり経験したりすることがほとんどないまま親になっている人が大半です。特に母親は自分が生まれ育った町ではない場所で子育てをしているという人が７割以上となっており、このような環境での子育ては「**アウェイ育児**」とよばれています（NPO法人子育てひろば全国連絡協議会, 2015）。はじめての子育てでは不安やとまどいを感じやすく、ましてや知り合いのいない土地では手助けが得られにくいため負担感が大きいものと容易に想像できます。

また日本では、夫と妻の家事育児時間の差は約5.5倍の開きがあり（第４・５章参照）、母親が一人で家事育児を担っていることがうかがえます。このような母親への家事育児の偏りを象徴するものとして、2015年頃からSNS上で「**ワンオペ育児**」ということばが使われるようになりました（第６章参照）。“アウェイ”な上に“ワンオペ”で育児と家事の大半を担い、家庭の責任を一人で背負う母親の孤独やつらさは想像に難くありません。

3）子育てひろばの実際――筆者の活動から

筆者は、1994年に夫の仕事の関係で、知り合いがまったくいない土地にひっこし長女を妊娠、出産。その１年半後に次女を出産しました。産後ひとときは実家の手伝いがあったものの、それ以外は基本的にアウェイな環境の中での育児でした。夫は出張が多い仕事のためワンオペな日も多く、自分では社交的で快活な性格だと思っていたのに、一日中誰とも会話せず、育児書とにらめっこで不安と負担に押しつぶされそうな日々でした。子どもがなぜ泣きやまないのか？　授乳はこれで足りているのか？　オムツ替えの頻度はこれでいいのか？　昼夜問わずの不規則な授乳や子どもの世話で慢性睡眠不足。毎日暗い表情で過ごしていたように思います。当時のことはほとんど記憶にありませんが、先日、偶然にも当時姑に宛てて送った私の手紙が出てきました。そこには「○○さん（夫）は出張が多いので、その間娘二人の世話をしていますが、**夜泣き**が激しくおとなりさんに迷惑になるので、チャイルドシートに二人を乗せてあてもなく夜中に車で走っています。少しアトピーがあるようで心配です」と書かれていました。誰にも相談することができず、普通の会話すら、いやあいさつですらする相手がいないので、気がついたら一日誰ともしゃべってない日が何日も続くような中での子育ては我ながら相当しんどかったのではないかと思います。

そんな自身の経験から、同じような母親がまわりにも多いのでは？　と考え、1998年に地元に戻ったのをきっかけに、まわりの子育て中のママに声をかけて子育てサークルを発足しました。また、2002年には自分たちの活動拠点がほしいと、寄付を集めたり子育て情報誌の販売などをして得た資金をもとに商店街の空き店舗を借りて、「子育てひろば」をつくりました。子どもと一緒でも気兼ねなく過ごせる自分たちの居場所を仲間と手づくりしたのです。サークル発足当初は、授乳室やオムツ替えベッドが備わった施設はまだ少なかったので、和室のある公共施設を借りて活動していたのですが、和室が地域の団体に使われていて子育てグループにはなかなか貸し出してもらえなかったという背景もありました。ひどいときは施設側に「子どもが来るとうるさいし、汚すでしょ」と貸し出しを断られたこともあります。少子化対策・**子育て支援**が声高にいわれる前は、子育て家庭への社会の風当たりが強かったのです。

そんな手づくりの子育てひろばも、2002年に国の「つどいのひろば事業」が制度化されたことをきっかけに、2003年には地元自治体からの委託事業として運営することができるようになりました。自治体からの委託費によって家賃や光熱費を支払い、それまで完全ボランティアだったひろばの運営に給与が支払われるようになりました。子育て当事者のボランティア活動が、地域に必要とされる「子育て支援」という仕事に変わったのです。

第２節　親子にとって地域子育て支援拠点はどのような場所か

1）どんな親子も受け入れる場所

地域子育て支援拠点は、義務教育のように必ず通わせなければならない施設ではありません。また保育所や幼稚園のように決められた日の決められた時間内に子どもを預ける場所でもありません。保護者の選択でいつ来ていつ帰ってもよい、あるいは来なくてもよいという場所です。しかし、対象は「すべての子育て家庭」であり、どのような子育て家庭もいつでもあたたかく迎え入れる準備が必要です。

親になって、はじめて子どもを連れて遊びに来た場所が子育て支援拠点であったという親子も少なくありません。はじめてたずねる場所は誰しも緊張するものですし、赤ちゃんを連れて行くとなるとなおさらです。

事例　はじめてのひろば

拠点の前の通りをベビーカーを押しながらキョロキョロと覗いては通りすぎていく親子。何度か見かける光景だったため、ある日スタッフが、その親子が通りがかったときにこちらから扉を開けて「よかったら中で遊んで帰りませんか？」とにこやかに声をかけたところ、ママはほっとしたような表情を浮かべて「私でも入っていいんですか？」といいました。スタッフが「もちろんどうぞ！　同じくらいの赤ちゃんも遊びに来ていますよ」とうながすとうれしそうに入ってきて、その日から常連になり、毎日のように遊びに来ることになりました。聞けば彼女は夫が転勤族で、東北の出身。ことばになまりがあり、未熟児で生まれた子どもは月齢に比較して身体が小さく、自分も子どもも受け入れられるか不安で入る勇気がなかったのだけれど、スタッフからの声かけと笑顔を見て安心できて「ここなら私たちを受け入れてもらえる」と感じたそうです。以前に「県外出身ですが行ってもいいですか？　まだ子どもは０歳ですが行ってもいいんですか？」とわざわざ電話で問い合わせ、事前確認をしていたにもかかわらず一歩踏み入れる勇気がわかなかったとのことでした。

いつ来ていつ帰ってもいい場所だからこそ、最初の一歩は“勇気”が必要なのかもしれません。自分の子育てに自信たっぷりな人はいません。これでいいのかな？　笑われないかな？　叱られないかな？　受け入れてもらえるかな？　そんな気持ちで最初の一歩が踏み出せない親子に少しでも安心して利用してもらうためには、事前の情報発信と来てくれたときに笑顔で受け入れる姿勢が必要なのだと思います。また、勇気をもって来てくれた親子に「また行きたい」と信頼を寄せてもらえる施設になるために、スタッフがどのように親子と関わるかはとても大事なポイントになります。

2）日常をともに過ごす

地域子育て支援拠点では、実施すべき四つの事業*が要項に定められていますが、それ以外の一日の流れなどは各拠点にゆだねられています。

---

* 地域子育て支援拠点で実施すべき四つの事業——① 子育て親子の交流の場の提供と交流の促進／② 子育て等に関する相談・援助の実施／③ 地域の子育て関連情報の提供／④ 子育て及び子育て支援に関する講習等の実施（月１回以上）

事例　ちょっとしたことが変化のきっかけに

２人目の出産後に近くの支援センターに来たＡさん親子。長女は、離乳食がはじまった頃からとても少食な上、食べることに時間がかかり、Ａさんはそのことが原因で一日中子どもの食事のことと発達のことばかり考えて、ストレスいっぱいの不安定な育児をしていました。そのため、支援センターが近くにあることは知っていたものの行く気にはなれなかったといいます。２人目出産後、保健師に支援センターの利用を強くすすめられ、一度だけでもと重い腰をあげて来ました。いつもは子どもが自然に目覚めるまで寝かせていたのですが、支援センターに出かける日は早起きをし、普段なら用意した食事がすべて食べおわるまでずっとそばについて口に運んでいた長女の食事も早々に切り上げました。

支援センターではスタッフがＡさん親子をあたたかく迎え入れ、少し小さめな長女の体格を指摘することもなく、寝返りのできない次女を抱いてあやしてくれました。久しぶりに長女だけにじっくりと向き合うことができたＡさん。機嫌よく遊んでいる長女の横顔を見て思わず涙がこぼれました。昼食の時間には、他の親子と一緒に持ってきたお弁当を食べました。Ａさんは、食べない長女にいつも怒ってばかりだったので緊張したのですが、そのときは長女が驚くほどあっという間に自分で弁当を平らげ、となりの子どもの弁当に手を出すほどだったので笑ってしまいました。いつもよりたくさん遊び、ご飯もいっぱい食べた長女は、自宅に帰ってぐっすりと午睡しました。そのため、Ａさんも次女に落ち着いた気持ちで授乳したりあやしたりすることができ、自分自身の心の安定に驚いたといいます。

それ以来、支援センターに毎日のように通いはじめたＡさん。親子ともに生活のリズムができ、気持ちに張りが出てきました。あれほど気になっていた長女の食事も、支援センターで他の親子のお弁当を見ながら食事づくりのヒントを得たり、他の保護者も子どもの食事に悩んでいることなどを聞いて、逆にアドバイスをするほどになり、表情も見違えるほど明るくなったとスタッフも驚いていました。

このような例を見ると、子育て支援拠点では、毎日特別な催しをするのではなく、何もしない時間（ノンプログラム）も大事なのだとわかります。「当たり前の日常の暮らし」がはじめて子育てをする親子にとってはどうしていいのかわからないのです。他の親子と交流することで、それぞれの家庭の子育てスタ

写真１　ゆったりした時間の中で子ども同士の自然な関わりも生まれる

イルがあることを知り、自分の子育てにも少しずつ自信をつけていくことができるのが子育て支援拠点のよさです。そこに関わるスタッフは、「こうでなければならない」「あれをやらないといけない」という決まりごとをもたず、安心して過ごせる空間を用意して、一人ひとりの親の価値観を尊重し、それぞれの状況に応じて親子に寄り添います（**写真１**）。

3）当事者だからこそできる循環型支援

事例　イヤイヤ期の２歳児の息子に手を焼いていたＢさん

自宅にいると息子が言うことを聞かずかんしゃくを起こして物を投げたりひっくり返ったりしてイライラがおさえられなくなるというＢさん。ここに来たら他の人もいて少し冷静になれる、ということでしたが、ねんねの赤ちゃんも多い子育て支援センターで、２歳児の息子が大きな声を出したり絵本棚から絵本をひっぱり出してはポイポイ投げたりするので、Ｂさんは息子の後をひきつった顔で追いまわっていました。スタッフが「私たちが見ているから大丈夫よ」と声をかけてもＢさんはため息ばかり。「どこに行ってもうちの子はダメ。なんで私ばっかり……」と今にも泣きそうです。そんな様子を見てスタッフが**イヤイヤ期**の対処法をアドバイスしようかとＢさんに話しかけようとした矢先、他の利用者がさりげなくＢさんの横に並んで座りました。彼女は今２人目の赤ちゃんを連れて遊び

写真２　ヨガでのびのび気持ちいい！

写真３　みんなで赤ちゃんマッサージ　先生役はお母さん

に来ていますが、幼稚園年長さんの子どもがいる先輩ママです。彼女が泣きそうなＢさんの背中に手をかけ、やさしく背中をなでながら「イヤイヤ期って本当に大変よね～わかるわ～私もそうだったもん……今じゃウソみたいだけどね。ずいぶんいろんなことが自分でできるようになっていいお兄ちゃんになったんだよ。でもあのときは本当に私も大変だったわ。思い出しちゃった」と言いながらなんと涙をポロポロ。先輩ママの涙を見てＢさんも……そしてしばらく２人は泣き笑いをしていました。

「そっか、私だけじゃないんだ」とポツリとつぶやいたＢさんの表情とその後のＢさんの子育てがずいぶん前向きになったことが印象的な事例でした。他の親との関わり合いの中で親が親として成長できるのが子育て支援拠点の大きな特徴です。

その他にもパパが消防士さんだからと、休日に子どもの救命救急の指導に来てくれたり、元美容部員だったということで子育て中の簡単化粧法をレクチャーしてくれたり、趣味のダンスや楽器演奏をして楽しませてくれた利用者もいます。「子育て中の親」という顔以外にも「先輩パパ・ママ」「働く人」「趣味の人」「特技のある人」など、親にはいろいろな顔があります。そのいろいろな顔を使って活躍することで、他の人を励ましたり癒したり役に立ったりできる。そんな機会を提供するのも子育て支援拠点の役割かもしれません（**写真２、写真３**）。

第３節　地域社会を耕す子育て支援

１）親になる準備を手伝う

子育て支援拠点には、地元の中・高・専門学校などから職業体験などで10代の学生さんが来ることもあります。また逆に拠点の利用者が地元中・高等学校へ赤ちゃんを連れて「赤ちゃんふれあい体験授業」に行くこともあります。

授業では、赤ちゃんのママから妊娠がわかったときのこと、出産のときのこと、赤ちゃんのいる生活などについて話してもらい、学生さんに実際に赤ちゃんを抱っこしてもらいます。教室に赤ちゃんが入ってきた瞬間は「キャー！かわいい！」と黄色い声をあげる学生さんたちですが、赤ちゃんのママから、夜中の授乳や泣きぐずりへの対応、寝かしつけなどの話を聞いた後に腕の中に赤ちゃんを抱くと、赤ちゃんの命のあたたかさとその赤ちゃんを育てていく責任の重さを身をもって感じるようです。学生さんからは「かわいくて大変な赤ちゃんのお世話をすることで、いつか自分も親になりたいと思った」「こんなに大変なお世話をしてもらって自分が成長してきたと知り自分の命を大事に親に感謝したい」などの感想が寄せられます。赤ちゃんと関わることで、10数年前の自分がこうして親やまわりの大人に慈しんで育まれてきたことに思いを馳せ、また10数年後には自分も親になるのかもしれないという想像が自然に働くようです。

保育施設の職場体験では「子ども」を見ることはできても「子どもを世話している親」や「親子の関わり」を見る機会はなかなかありません。少子化で親族などの集まりや小さい子どもの世話をする体験がないまま親になる人が圧倒的に多くなっている今だからこそ、子育て支援拠点では、親になる前に「赤ちゃんのいる暮らし」や「赤ちゃんを世話する」ということを体験してもらう機会を提供しています。

2）多世代交流の場として

筆者が暮らす香川県では、18歳以下の子どものいる家庭が祖父母と同居しているのは10.1％にすぎません（香川県政策部統計調査課, 2017)。自宅で祖父母世代から親世代、そして子ども世代へ子育ての伝承を行うのが難しくなってきています。しかし、祖父母が余裕をもってのんびりと大らかに赤ちゃんと関わる様子を見ることは、現役ママやパパにとって大きな影響力があります。

子育てひろばにお孫さんと通うおばあちゃんは、他の赤ちゃんが泣いても「かわいいねえ、かわいいねえ」と目を細めます。また自分の孫が他の子どもとおもちゃの取り合いをはじめたときにも、まわりのママがハラハラしていても、笑いながら「少し様子を見ていてごらん。ほら、あの表情！　あのおもちゃがお気に入りなんだねえ。自我が目覚めてスゴイ成長だねえ」などと言って、ケガをしないか気にかけつつ、あえて仲裁に入ろうとしません。「１歳児だって１歳児の世界があるからねえ。大人が勝手に口出しせず見守りましょうよ」と他のママたちに声をかけるとひろばの空気全体がやわらかくなります。

筆者の子育てひろばでは定期的に近隣の高齢者施設と交流をしています。こどもの日や七夕・敬老の日など、季節の行事を一緒に楽しんだり、一緒に歌を歌ったり、膝に赤ちゃんを抱いてなでてくれたり。おじいちゃん・おばあちゃんは、子どもたちには「かわいいねえ、いとおしいねえ」と、そしてママたちには「よくがんばってるねえ、えらいねえ」と慈しみの声をかけてくれます。

一方、学生ボランティアは、ダイナミックな遊びをしてくれ、また延々と子どもたちにつきあってくれるので大人気です。子育て支援拠点では、子育て中の人だけでなく多世代が関わることで、「地域」の凝縮版を味わえます。ここで出会った多世代は、拠点外でもたとえばスーパーで買い物をしているときや地域自治会の行事などで顔を合わせます。子どもが拠点の対象年齢をこえても、地域で顔を合わせともに子どもの成長を喜び合える関係が築けるのです。子育て支援拠点が「地域」を作り出しているといえるかもしれません。

3）父親の子育ての後押し

地域子育て支援拠点では、働く保護者に対しても、交流や情報提供・子育て相談の場を設けるなどさまざまな工夫をしています。全国の子育て支援拠点の

写真４　青空の下でBBQ　今日の主役はお父さんたち

４割以上が、土曜日か日曜日あるいは土日両日開館をしています（三菱UFJリサーチ＆コンサルティング, 2018）。週末の開催は父親の利用が多く見られます。イクメンが仕事が休みのときに妻の「一人時間」を確保するため父と子だけで遊びに来るケースもありますし、普段夫が育児に非協力的なことで悩んでいるママが夫とともに家族で来訪し、さりげなくスタッフからのアドバイスを求めたりすることもあります。拠点での子どもの様子を見てもらうことで、父親の子どもへの愛着がうながされるという効果もあるようです。拠点では、父親向けのプログラムなどを意識的に企画し、普段子どもと関わる時間が少ない父親にも、どのように関わればいいのかを伝えられるような遊びの提供や、父親同士が関わり合える機会を提供しています。

男性育休が進まない中、父親同士の集まりを自主的に開催するのはハードルが高いですが、子育て支援拠点が場所を提供したり連絡拠点になることで、父親同士が継続的につながって、ときに“妻に言えない子育ての悩み?!”などを話している姿もあります。あまり手出ししすぎず自主性に任せることで満足度も高まるようです。子育てコミュニティーは、ママだけでなくパパにも必要なのだと痛感します（**写真４**）。

４）地域・時代に必要とされる子育て支援をするために

2020年、世界中を震撼させた新型コロナウイルス。政府から外出自粛要請が出ていた期間、多くの地域子育て支援拠点は、相談と情報提供の機能のみを残し、施設を閉じざるを得ませんでした。居場所としての機能を失う中、全国の子育て支援拠点の中には一部オンラインを活用した支援にチャレンジする拠点もありました。**子育て支援**は、保護者と子どもの顔を見ながら、同じ空間で身体がふれられる距離で心を通い合わせてこそよい支援ができると筆者は考えています。しかし、それができなくなったときに、少しでも心のつながりを補いたいと、オンライン会議システムを使って、パソコンやスマートフォンの画面越しに親子の顔を見ながら相談を受けたり、日頃の様子を情報交換したりしました。また、家にいる時間を少しでも楽しく過ごせるように、手遊びやわらべ歌、親子体操などの配信も行いました。これまでにもホームページやブログ、SNSなどを活用して情報提供を行ってはいましたが、オンラインの子育て支援ははじめてです。「普段の利用者や地域の親子に今何が必要か」を考えて、いろいろなことに挑戦しました。手探りではじめたオンライン子育て支援ではありましたが、プラスの面もありました。たとえば、外出しづらい妊婦さんも自宅から参加ができるし、自宅からなので夫や祖父母も一緒に参加しやすい環境になりました。日頃拠点に来ていた親子は、なじみのあるスタッフの顔が画面越しに見えることで安心できたようです。

地域子育て支援拠点は、子どもを産み育てやすい環境をつくるという目的のために柔軟に活動できる機関です。これからも保護者のニーズを敏感にとらえ、時代の変化に合わせて、地域に必要とされる子育て支援を行っていきたいと思います。

引用文献

香川県政策部統計調査課（2017）平成27年 国勢調査人口等基本集計結果（香川県分）
https://www.pref.kagawa.lg.jp/toukei/jinko/p_census/27/jinko_kihon/kekka.pdf （閲覧日 2021年1月16日）

厚生労働省　地域子育て支援拠点事業 令和元年度実施状況
https://www.mhlw.go.jp/content/000666541.pdf （閲覧日 2021年1月16日）

三菱UFJリサーチ＆コンサルティング（2018）平成29年度 子ども・子育て支援推進調査研究事業 地域子育て支援拠点事業の経営状況等に関する調査報告書
https://www.murc.jp/uploads/2018/04/koukai_180420_c2.pdf （閲覧日 2021年1月16日）

NPO法人ひろば全国連絡協議会（2015）地域子育て支援拠点事業に関する調査 2015概要版
https://kosodatehiroba.com/new_files/pdf/away-ikuji.pdf （閲覧日 2021年1月16日）

写真提供：筆者

§考えてみよう（第13章）

右QRコードから動画「地域子育て支援拠点（わははひろば高松・NPO法人わははネット）インタビュー」を視聴し、地域子育て支援拠点が子育てをはじめたばかりの親にとってどのような場所であるか整理してみましょう。

目と目を合わせてにっこり　子どももママもうれしいひととき

妊婦さんと先輩ママが参加して行った子育て座談会の様子

写真提供：２点ともわははひろば高松・NPO法人わははネット

Epilogue おわりに

子育ては、本来はさまざまな人が寄り集まって、肌と肌、心と心をふれあわせて行われる営みです。子どもは、親だけでなく多くの身近な人から抱きしめられ、また親は、いろいろな人から声をかけてもらい、手伝ってもらい、共感してもらって、ともに育っていきます。子育てには、たくさんの人の手が必要なのです。にもかかわらず、子育ての責任という観点から、親だけに子育ての負担が集中してしまっていることが、苦しさを生み出しているのだということに、本書を読んでくださった皆さんは気づかれたのではないでしょうか。

2020年、新型コロナウイルス（COVID-19）感染症が世界中を襲い、子育ての孤立化がよりいっそう進行しています。人との接触を減らすことが呼びかけられる中、親子は自宅に閉じこもりがちになり、誰にも会わずに過ごす時間が多くなりました。子育て支援の場も、活動の見直しを迫られました。ふれあい遊びをしたり、一緒にお昼を食べたりすることができなくなり、親子の経験の機会が減っていることを感じます。人に会わなければウイルスに感染しないことは確かですが、それでは子どもも親も健やかに育つことができません。感染対策を第一としながら、いかに親子の育ちを支えていけばいいのか。保育者や子育て支援者たちは、いつもそうしてきたように、今回も、確実なマニュアルや体制が整わない段階から、この新しい事態に正面から向きあい、実践をきりひらいています。

親だけで子育てすることに無理があるように、子育て支援のあり方も、支援にたずさわる人だけでなく、社会全体で考えていくべき課題です。日々多様な親子と関わる保育者や子育て支援者は、現代社会のあり様をつぶさに見ることのできる立場にあります。本来の子育てのあり方を取り戻していくために、そして誰もが安心して生まれ育っていける社会をつくるために、実践の中で感じたことや考えたことをぜひ広く社会に発信していってほしいと思います。皆さんの小さな行動がこの社会を変えていきます。保育・子育て支援という、社会の根っこを支える仕事を自らの進路として選ばれた皆さんに敬意を表し、心からエールを送ります。

2021年 早春

編集委員一同

索 引

●執筆者一覧　（執筆順）　**＊＝編集委員**

常田美穂	つねだ みほ	（NPO法人わははネット）＊**（代表）**	はじめに、第5・11章
小川絢子	おがわ あやこ	（名古屋短期大学）	第1章
濤岡優	なみおか ゆう	（北海道大学大学院）	第2章第1節
侯玥江	ほう ゆえじゃん	（北海道大学大学院）	第2章第2節
加藤弘通	かとう ひろみち	（北海道大学大学院）	第2章第3・4節
辰巳裕子	たつみ ゆうこ	（香川短期大学）＊	第3章
照井裕子	てるい ゆうこ	（湘北短期大学）	第4章
北川裕美子	きたがわ ゆみこ	（四国学院大学）＊	第6章
水永淳	みずなが あつし	（香川県子ども女性相談センター）	第7章
瀬野由衣	せの ゆい	（愛知県立大学）	第8章
岡田倫代	おかだ みちよ	（高知大学）	第9章
吉井鮎美	よしい あゆみ	（香川短期大学）＊	第10章
山本幾代	やまもと いくよ	（高松短期大学）	第12章
中橋恵美子	なかはし えみこ	（NPO法人わははネット）	第13章
北濱雅子	きたはま まさこ	（公認心理師・臨床心理士）	コラム1
有澤陽子	ありさわ ようこ	（NPO法人子育てネットひまわり）	コラム2
姫田史	ひめだ ふみ	（元こぶし花園保育園園長）	コラム3・4、p62・162マンガ

●装幀　山田 道弘　**●カバー装画**　おのでらえいこ　**●本文内写真提供**　掲載各章末に記載

子ども家庭支援の心理学　子どもの未来を支える家庭支援のあり方を探る

2021年３月30日　初版発行

編著者　常田　美穂
辰巳　裕子
北川裕美子
吉井　鮎美

発行者　名古屋 研一

発行所　㈱ひとなる書房
東京都文京区本郷2-17-13
TEL 03（3811）1372
FAX 03（3811）1383
Email：hitonaru@alles.or.jp